Horacio E. Lona

Kleine Hinführung zu Paulus

GRUNDLAGEN THEOLOGIE

Horacio E. Lona

Kleine Hinführung zu Paulus

2. Auflage

HERDER

FREIBURG · BASEL · WIEN

Vorangegangene Auflage 2006

Überarbeitete und erweiterte Neuausgabe
(2. Auflage des Gesamtwerks)

© Verlag Herder GmbH, Freiburg im Breisgau 2009
www.herder.de

Einbandgestaltung: Finken & Bumiller, Stuttgart
Satz: Barbara Herrmann, Freiburg im Breisgau
Herstellung: fgb · freiburger graphische betriebe
www.fgb.de
Gedruckt auf umweltfreundlichem, chlorfrei gebleichtem Papier
Printed in Germany

ISBN 978-3-451-30306-7

Inhalt

Vorwort

An Paulusbüchern auf dem deutschen theologischen Büchermarkt mangelt es wahrhaftig nicht. Angesicht dieser Tatsache stellt sich die Frage: Ist es sinnvoll, dazu noch ein weiteres Produkt zu liefern? Die Frage habe ich mir selbst gestellt.

Das Büchlein hat viel mit der gegenwärtigen Lage vieler Studierenden zu tun, die sich, auf welchem Niveau auch immer, mit der Theologie beschäftigen. Die Tendenz ist unübersehbar, sich mit eher elementaren Kenntnissen zufrieden zu geben, um den Anforderungen der Prüfungen gerecht zu werden. Daher ist ein Interesse, das darüber hinausgeht, oft nicht zu erwarten.

Bei einer Gestalt wie der des Paulus kommt noch dazu, dass er in seiner Sprache und in seinem Denken jedem modernen Leser – nicht nur den Theologiestudierenden – recht fremd vorkommt. Das erschwert zusätzlich die Begegnung mit ihm. Wer ist schon bereit, seine Briefe aufmerksam zu lesen, geschweige denn, sich mit ihnen intensiv zu befassen, um sich von der Tiefe der paulinischen Theologie bereichern zu lassen? Der Apostel wird verehrt und gepriesen, aber er bleibt ein Unbekannter. Zumindest im katholischen Bereich wird man diese unerfreuliche Diagnose nicht so leicht als unsachlich zurückweisen dürfen.

Es kann hier also nicht darum gehen, noch mehr »leichte Kost« zu bieten. Wenn diese kleine Hinführung zu Paulus einen Sinn haben soll, dann weil sie wirklich zu Paulus hinführt; ihr Ziel ist erst dann voll erreicht, wenn der Leser sie einmal beiseite legt, um Paulus selber zu lesen.

Benediktbeuern, den 29. Juni 2006   *Horacio E. Lona*

Vorwort zur zweiten Auflage

Der schöne Erfolg der »Kleinen Hinführung zu Paulus« hat nun
einen Nachdruck erforderlich gemacht. Diese Gelegenheit nutze
ich gern, einiges zu ergänzen, was in der ersten Auflage zu kurz
bzw. gar nicht behandelt werden konnte. Aktualisierungen habe
ich ebenso vorgenommen wie lästige Fehler beseitigt. Die Überführung der 2. Auflage in die Reihe GRUNDLAGEN THEO-
LOGIE unterstreicht den Charakter des Buches als Einführungs-
werk.

Benediktbeuern, den 29. Juni 2009   *Horacio E. Lona*

I. Leben und Werk

Keine andere Gestalt des Urchristentums ist derart greifbar wie die Gestalt des Paulus. Der Eindruck größter Lebendigkeit, den seine Briefe erwecken, macht ihn zu einer einmaligen Erscheinung unter den neutestamentlichen Autoren.

In den echten Briefen[1] findet man aber verhältnismäßig wenige Angaben zu seiner Person, die als Eckdaten für die Rekonstruktion seiner Biographie verwendet werden können. Eine andere Quelle ist die Apostelgeschichte, wenngleich ihre Zuverlässigkeit von Fall zu Fall überprüft werden muss; nur wenn feststeht, dass die Angaben nicht durch das theologische Interesse des Lukas, des Verfassers der Apostelgeschichte, beeinflusst sind und an sich als glaubwürdig angesehen werden können, lassen sie sich für die Biographie des Paulus verwerten.

1. Herkunft, Bildung und Entwicklung im Judentum

Das Geburtsjahr des Paulus lässt sich nicht genau ermitteln. In Phlm 9 (um 53–55) bezeichnet er sich als alter Mann, doch ist der Ausdruck sehr allgemein. In Frage kommt die Periode um die Zeitenwende. Nach Apg 21,39 und 22,3 ist er in Tarsus in Zilizien geboren, einer Stadt, die durch ihre geographische Lage begünstigt, sich zu einem wichtigen wirtschaftlichen und kulturellen Zentrum entwickelt hatte. Die Einschätzung des lukanischen Paulus, er sei Bürger einer nicht unbedeutenden Stadt (21,39), ist durchaus berechtigt. Drei Jahre nach seiner Christuserfahrung besucht Paulus den Kephas in Jerusalem und geht anschließend in das Gebiet von Syrien und Zilizien (Gal

---

[1] Zur Unterschied zwischen »echten« und »unechten« Briefen s. u. 44, II. 1.2.

1,18.21; vgl. Apg 9,30; 11,25). Diese Notiz dürfte auf den Herkunftsort des Apostels hinweisen. Auf jeden Fall gehört Paulus in den kulturellen Horizont des hellenistischen Judentums, das seine Sprache und Denkart prägt.

Der Besitz des römischen Bürgerrechtes (Apg 22,25) von Geburt an (Apg 22,28) erklärt sich dadurch, dass seine Eltern als freigelassene Sklaven dieses Recht erworben hatten.[2] Die Verurteilung und der Tod des Paulus in Rom, die zuerst I Clem 5, 4–7 bezeugt, passt zum Status eines römischen Bürgers, der nur in Rom vor Gericht stehen durfte.[3]

Nach seinen Selbstaussagen war Paulus Jude aus dem Stamm Benjamin, Sohn frommer Eltern, die ihn am achten Tag seines Lebens beschneiden ließen; im Hinblick auf die Beobachtung des Gesetzes gehörte Paulus zur Gruppe der Pharisäer (Phil 3,5; Apg 26,5).

Es ist umstritten, ob Paulus ein Schüler Gamaliels in Jerusalem war (Apg 22,3). Einiges in der Art seiner Schriftauslegung entspricht den rabbinischen Argumentationsregeln (vgl. Röm 4,1–8). Die Kenntnisse der Schrift und die Fähigkeit, Reihen von Zitaten aus verschiedenen Büchern so zu ordnen, dass sie sich in seine Argumentation einfügen und den angestrebten »Schriftbeweis« liefern (vgl. Röm 9,25–29; 10,16–21; 11,2–10) verraten schulische Einübung. Dies konnte nur in Jerusalem geschehen.[4] Die rückblickende Aussage, er habe in der Treue zum jüdischen Gesetz viele seiner Altersgenossen im Volk übertroffen und sei überaus eifrig im Hinblick auf die Überlieferungen der Väter gewesen (Gal 1,14), könnte sich auf diese Etappe seines Lebens beziehen.

Paulus' Bildungsniveau spiegelt sich in den Briefen wider. Er schreibt ein Griechisch ohne literarische Ansprüche, aber er beherrscht die Sprache[5], kennt und verwendet sehr häufig Grund-

---

[2] Paulus besaß auch das Bürgerrecht seiner Geburtsstadt Tarsus (Apg 21,39).
[3] Das war die Regel; es gab aber viele Ausnahmen.
[4] Die Stelle Gal 1,22 enthält kein Argument dagegen.
[5] Von seiner Herkunft her – ein Israelit, Hebräer aus Hebräern (Phil 3,5) –

formen der klassischen Rhetorik: die Diatribe zur Verlebendigung der Gedankenführung (Röm 2,1–5.17–25; 3,5; 4,1; 6,1.15 u. ö.), Antithesen (Röm 6,16–19; 1Kor 1,23–25; 4,10–13; 15,43–49 u. ö.), Anaphern (Röm 8,33–39; 10,14f; 1Kor 9,19–22; 13,1–3 u. ö.), Wortspiele (Röm 12,3; 2Kor 4,8; 8,14; Phil 3,2f u. ö.), Hyperbel (1Kor 15,8; 2Kor 11,8; Gal 4,14f u. ö.) sowie Ironie (1Kor 4,8; 2Kor 11,5; 11,19f u. ö.) usw.

Eine große stilistische Breite kommt in vielen Abschnitten zum Ausdruck: leidenschaftlich vorgetragene Polemik (Gal 1,6–9; 5,12; Phil 3,17f), die vielfältige Beteuerung der eigenen Glaubensgewissheit (Röm 8,31–39; 1Kor 15,54–57; 2Kor 5,1–5), die empathische Mitteilung von Sorgen wegen bzw. Verbundenheit mit den Gemeinden (1Kor 4,14–16; Gal 4,18–20; Phil 1,23–26; 4,1; 1Thess 2,17–20), die biblisch-theologische Argumentation (Röm 4,1–23; 10,5–21; Gal 3,6–14; 4,21–31), die Überredung aufgrund der persönlichen Beziehung (Phlm 15–20) u. a.

In seinen Briefen wirkt Paulus nie stereotyp. Auch in der schriftlichen Fassung ist die Unmittelbarkeit des gesprochenen Wortes spürbar, das je nach Situation den passenden Ton annimmt, um überschwängliche Freude, Zorn, Empörung oder unumstößliche Zuversicht – um nur einige Komponenten aus der breiten Palette paulinischer Emphase zu nennen – zur Sprache zu bringen.

Anders als bei seinem Zeitgenossen Philo von Alexandria findet sich bei Paulus keinerlei Versuch, den Glauben mit der Philosophie seiner Zeit zu verbinden. Wahrscheinlich fehlte es ihm dazu an der notwendigen Bildung; darüber hinaus ist sein Denkansatz ganz vom jüdischen Glauben geprägt. Die wenigen Stellen, die philosophische Motive bzw. Begrifflichkeit enthalten, ändern an dieser Einschätzung nichts; hier sind Elemente einer

---

muss man annehmen, dass Paulus die hebräische Bibel lesen konnte und der aramäischen Sprache mächtig war. Nach Apg 21,40 und 22,2 spricht Paulus in Aramäisch zu den Juden in Jerusalem. Griechisch jedoch war seine eigentliche Muttersprache. Die biblischen Zitate geben überwiegend die griechische Fassung des AT (die Septuaginta, LXX) wieder.

stoisch geprägten Popularphilosophie aufgenommen, die sich
Vertreter eines gewissen Bildungsstandes leicht angeeignen
konnten,[6] ohne deswegen ein vertieftes Studium betrieben haben
zu müssen. In diesen Zusammenhang gehört die Ansicht, dass
Gott aus den Werken der Schöpfung mit der Vernunft erkannt
werden kann (Röm 1,20f), die Lehre vom sittlichen Gesetz, das
in die Herzen der Menschen eingeschrieben ist und durch das
Gewissen bezeugt wird (Röm 2,14f), die Bedeutung der »Natur«
(φύσις) für das sittliche Handeln (Röm 1,26; 1Kor 11,14) und
der Tugend (Phil 4,8) und der Vergleich mit dem Leib als organi-
scher Einheit (1Kor 12,12–27). Die genaue Betrachtung dieser
Stellen zeigt, dass Paulus bei der Rezeption stoischen Gedanken-
guts dessen ursprünglichen Sinn tiefgreifend umgestaltet hat, um
es in den Dienst seiner Argumentation zu stellen.

Wenn Paulus von seiner Vergangenheit von sich als eifrigem
Pharisäer spricht, sind schon viele Jahre vergangen. Die Sicht
auf die eigene Lebensgeschichte ist außerdem durch die lange
Zeit in der christlichen Gemeinde beeinflusst sowie später
durch sein Wirken als Apostel der Heiden. Trotz dieser Faktoren, welche die Objektivität in der Darstellung seines früheren Lebens beeinträchtigen könnten, dürfte als sicher gelten,
dass er die Christen maßlos verfolgt hat (Gal 1,13; Phil 3,6;
Apg 22,4; 26,11). Der Grund für diese radikale Haltung war
der ungewöhnliche Eifer, mit dem er sich für die jüdische Überlieferung einsetzte, die ihn im Vergleich mit seinen Altersgenossen auszeichnete (Gal 1,14; Apg 22,3).

Was ist der historische Hintergrund seines extremen Verhal-
tens gegenüber den Christen? Nach dem Bericht Apg 7,58; 8,1a
war Paulus[7] anwesend bei der Steinigung des Stephanus: er be-

---

[6] Das Zitat aus Menander, Thais, in 1Kor 15,33: »Lasst uns essen und trinken; denn morgen sind wir tot«, ist durch den gleichen kulturellen Zusammenhang zu erklären.

[7] Lukas verwendet »Saulus« hier und durchgehend bis Apg 13,9, wo aus
»Saulus« »Paulus« wird. Als Apostel tritt er von jetzt an als Paulus auf. Da-
hinter steht wohl die Absicht, seine jüdische Vergangenheit und die erste Periode als Christ von der Zeit als Apostel zu unterscheiden. Darüber hinaus

wacht die Kleider der Täter während der Handlung und ist mit dem Mord einverstanden. Die Notiz ist historisch fraglich.[8] Mit der Erwähnung des »jungen Mannes, der Saulus hieß«, will Lukas lediglich die Geschichte seiner »Bekehrung« vorbereiten (Apg 9,1–19).

Anders verhält es sich mit dem historischen Wert der Gestalt des Stephanus und seines gewaltsamen Todes. Stephanus war der Anführer eines Teils der christlichen Gemeinde in Jerusalem, der nicht zum ursprünglichen Kern zählte. Es sind die hellenistischen Judenchristen, die von sieben Männern – nach der Darstellung in Apg 6,1–7 – repräsentiert wurden.[9] Ihre Namen verraten die griechische Herkunft: neben Stephanus werden Philippus und Prochorus, Nikanor und Timon, Parmenas und Nikolaus genannt. Diese Gruppe, die die missionarische Kraft der Urgemeinde in Jerusalem bezeugt, hat sich kurze Zeit nach der Kreuzigung Jesu gebildet, Um die Präsenz und die Bedeutung dieser hellenistischen Judenchristen innerhalb der Jerusalemer Gemeinde zu verstehen, ist es erforderlich, kurz auf das Phänomen des hellenistischen Judentums einzugehen:

---

ist zu beachten, dass Paulus selbst seine Herkunft aus dem Stamm Benjamin, dessen prominentester Sohn König Saul war (vgl. 1Sam 10,21.24; Apg 13,21), zweimal behauptet (Phil 3,5; Röm 11,1). Dass seine Eltern zum Andenken an den ersten König Israels ihm den Namen Saul gaben, erweist sich daher als schlüssig. Wann und warum er später Paulus genannt wurde und inwieweit dies mit der Bekehrung des Prokonsuls Sergius Paulus zusammenhängt (vgl. Apg 13,7!), lässt sich nicht mit Sicherheit klären. Vgl. *M. Hengel*, Der vorchristliche Paulus (unter Mitarbeit von *R. Deines*), in: *M. Hengel/U. Heckel* (Hg.), Paulus und das antike Judentum, Tübingen 1991, 177–291, hier 88–92.

[8] Der Terminus νεανίας bezeichnet den Jüngling, aber auch den jungen Mann bis zum 41. Lebensjahr. Wenn Saulus' Rolle bei der Steinigung des Stephanus aber nur jene des Wächters über die Kleider ist, ist er wohl noch recht jung. Der Sprung vom Jüngling in Apg 7,58 zum resoluten Verfolger der Christen in Apg 9,1 wirkt doch sehr abrupt, wenngleich das nicht bedeutet, dass Paulus am Konflikt unbeteiligt war.

[9] Andere Deutungen, es handele sich nicht um hellenistische Judenchristen, sondern um Heidenchristen oder palästinische Judenchristen, werden von der neueren Forschung nicht mehr vertreten.

Die wirtschaftliche Lage für die Juden in Palästina nach der Rückkehr aus dem Exil war äußerst prekär. Das war wahrscheinlich der Hauptgrund, weswegen mehr und mehr Juden das Land verließen, um sich in der »Zerstreuung«, d. h. in der Diaspora niederzulassen. In Alexandria, der Hauptstadt des hellenistischen Judentums, existiert schon im 3. Jahrhundert vC. eine blühende jüdische Gemeinde, zu der nicht nur Söldner im Dienst des ptolemäischen Heeres – wie es bereits in der Zeit zuvor der Fall war – gehörten, sondern auch Handwerker und Kaufleute. Die gesellschaftliche Eingliederung vollzog sich vornehmlich durch die Übernahme der griechischen Sprache. Der schon erwähnte Philo von Alexandria liefert ein herausragendes Beispiel für die kulturell-gesellschaftliche Integration, die sich auf höchstem Bildungsniveau entfaltet. Nur unter dieser Voraussetzung lässt sich sein Versuch verstehen, die Botschaft der Bibel mit dem Instrumentarium der griechischen Philosophie zu interpretieren.

Die Juden in der hellenistischen Diaspora mussten unter ganz anderen Verhältnissen als die Juden in Palästina ihren Glauben bewahren. In zweierlei Hinsicht haben sie Erfahrungen gemacht, die für ihr Glaubensverständnis von Bedeutung waren: (1) Die Entfernung zu Jerusalem, der Hauptstadt des palästinischen Judentums, machte den regelmäßigen Besuch des Tempels oder die jährliche Wallfahrt unmöglich. Die Gläubigen, die sich eine Wallfahrtsreise leisten konnten, bildeten gewiss nicht die Mehrheit. Der Ort religiöser Versammlungen der Glaubensgenossen war in der Diaspora die Synagoge, die zwar keine Ersatzfunktion für den Tempel erfüllen konnte, für das religiöse Leben der Gemeinde aber größte Bedeutung besaß. Um die Zeitenwende gab es in den meisten Städten in der Diaspora – auch in Palästina – eine Synagoge. Vor diesem Hintergrund relativierte sich die Rolle des Tempels, da er nicht in die eigene religiöse Erfahrung integriert war, wie es wohl bei den palästinischen Juden der Fall gewesen sein dürfte. (2) Das Gesetz betreffend: Die Juden der Diaspora konnten jeden Tag feststellen, dass es auch unter den Heiden rechtschaffene Menschen gab, die jedoch das jüdische Gesetz nicht kannten. War das Gesetz der einzige Weg zum Heil oder gab es andere Möglichkeiten, vor Gott zu bestehen und seinen Willen zu erfüllen?

Apg 6,9 berichtet von der Synagoge der Libertiner, Zyrenäer und Alexandriner in Jerusalem. Unabhängig von der Frage, ob es sich dabei nur um eine Synagoge handelt – in Apg 24,12 ist von mehreren Synagogen die Rede –, kann man davon ausgehen, dass das Gotteshaus als Versammlungsort hellenistischer Juden diente. Neben den Freigelassenen, d. h. den Libertinern, werden Juden aus Zyrene in Libyen und aus Alexandria in Ägypten genannt. Der Bau einer Synagoge für diese Gruppen setzt voraus, dass eine beachtliche Zahl von Juden aus der Diaspora zwar nach Jerusalem zurückgekehrt war, diese ihre kulturelle Identität als Diaspora-Juden aber nicht verleugnen wollten oder konnten. Wer sich zur Rückkehr entschied, musste religiös besonders motiviert sein. Die wirtschaftliche Lage hatte sich inzwischen nicht verbessert. Auch wenn an bestimmten Orten den Juden gesellschaftliche Nachteile widerfuhren, gab es immer die Möglichkeit, anderswo hinzuziehen. Der Weg zurück ins Gelobte Land war unter diesen Umständen eher durch die attraktive Aussicht veranlasst, beim Anblick des Tempels und der strengen Beobachtung des Gesetzes religiös wieder »daheim« im ureigensten Lebensraum des jüdischen Glaubens zu sein.

Diese Aussicht hat die in der Diaspora gemachte Erfahrung von der Distanz zum Tempel und vom »relativen« Wert des Gesetzes offenbar nicht ganz verdrängt bzw. vergessen lassen. Die Haltung des hellenistischen Judenchristen Stephanus bestätigt diese Vermutung. Bei seiner Verhaftung lautet die Anklage – nach Apg 6,14 sind es falsche Zeugen, die sie vorbringen: »Dieser Mensch hört nicht auf, gegen diesen heiligen Ort und das Gesetz zu reden. Wir haben ihn nämlich sagen hören: Dieser Jesus, der Nazoräer, wird diesen Ort zerstören und die Bräuche ändern, die uns Mose überliefert hat« (Apg 6,14f). Das Wort über den Tempel ist tatsächlich in der Überlieferung der Worte Jesu enthalten (Mk 14,58 par; Mt 26,51; vgl. auch Mk 15,29 par; Mt 27,40; in einem anderen Zusammenhang vgl. Joh 2,19). Das Wort über die Bräuche (Gesetz) bezieht sich vielleicht auf die Antithesen der matthäischen Bergpredigt: »Ihr habt gehört, dass zu den Alten gesagt worden ist ... Ich aber sage euch ...« (Mt 5,27f.31f.33f.38f.43f).

Stephanus wird nicht von den Juden aus Jerusalem verurteilt, sondern von den hellenistischen Juden, die in Jerusalem ansässig waren (Apg 6,9). Nach der lukanischen Fassung gelingt es ihnen, das Volk, die Ältesten und die Schriftgelehrten, ja sogar den Hohen Rat gegen Stephanus aufzuwiegeln (Apg 6,11f), und ihn schließlich umzubringen (Apg 7,54–59); aber der Impuls geht von den hellenistischen Juden aus.

Die Christen der Jerusalemer Gemeinde werden also von den Juden nicht insgesamt als störendes Element wahrgenommen, sondern nur die hellenistischen Judenchristen, und sie wiederum nur von den hellenistischen Juden. Der Konflikt entzündet sich zwischen Angehörigen derselben Gesellschaftsschicht – die hellenistischen Juden in Jerusalem –, die sich jetzt in zwei Gruppen aufgespalten hat. Die Unerbittlichkeit, mit der die Christen bekämpft werden, geht auf die Empörung der hellenistischen Juden zurück, die verbittert reagieren mussten, wenn sie eben die zwei Hauptmotive ihrer Rückkehr nach Jerusalem, nämlich den Tempel und das Gesetz, von den hellenistischen Judenchristen grundsätzlich in Frage gestellt sahen.

Paulus gehört zu diesen hellenistischen Eiferern für das Gesetz, erfährt von der Präsenz der von ihnen sicherlich als »abtrünnig« angesehenen hellenistischen Judenchristen und ergreift entschieden gegen sie Partei.

Über den tatsächlichen Verlauf des Vorgangs gibt es keine übereinstimmenden Informationen. Lukas lässt die Handlung von Jerusalem ausgehen. Paulus, der schon bei der Steinigung des Stephanus zugegen war (Apg 7,58; 8,1), werden Briefe vom Jerusalemer Hohenpriester für die Synagogen in Damaskus ausgehändigt, um auch dort die Christen zu verfolgen (Apg 9,2; 22,5; 26,12). Nach Apg 26,10 hat Paulus das Gleiche schon in Jerusalem getan: »Ich ließ mir von den Hohenpriestern Vollmacht geben und sperrte viele der Heiligen ins Gefängnis; und wenn sie hingerichtet werden sollten, stimmte ich dafür.«

Paulus selbst äußert sich nicht eindeutig über die Verfolgungen in Jerusalem.[10] Nach seinen eigenen Worten war er »den Gemeinden Christi in Judäa persönlich unbekannt. Sie hörten nur: Er, der uns einst verfolgte, verkündigt jetzt den Glauben, den er früher vernichten wollte« (Gal 1,22f). Diese knappe Notiz muss aber durch die wiederholten Hinweise der Apostelgeschichte auf Maßnahmen gegen die Christen in Jerusalem ergänzt werden (vgl. Apg 9,13; 22,4; 26,10). Wenn Paulus von seiner Tätigkeit als Verfolger der Christen spricht (Gal 1,13; Phil 3,6), darf dies nicht als vereinzelte, persönliche Aktion missverstanden werden. Paulus' Tat steht vielmehr im Zusammenhang mit der empörten Antwort der hellenistischen Juden in Jerusalem auf die Provokation der Verkündigung der hellenistischen Judenchristen von einem gekreuzigten Messias. Die Steinigung des Stephanus ist ein Akt der Volksjustiz dieser aufgebrachten Juden, die gegen den Anführer einer verfeindeten Gruppe vorgehen. Dabei handelt es sich wahrscheinlich nicht um eine einmalige Aktion, die Feindseligkeiten werden sich in vielfältiger Weise geäußert haben. In diesen religiös-sozialen Kontext ist Saulus, der Verfolger, einzuordnen. Wenn Paulus sodann – mit welcher Legitimation auch immer – nach Damaskus geht, um auch dort die Christen zu verfolgen, setzt dies die in Jerusalem begonnene Konfrontation fort. Zu einer Verfolgung der Christen in Damaskus kam es aber nicht mehr. Inzwischen geschah das Unerwartete, das Paulus' Leben eine neue Richtung gab (Gal 1,15f).

---

[10] Da infolge der Steinigung des Stephanus die hellenistischen Judenchristen Jerusalem verlassen mussten, überrascht es nicht weiter, dass in der Stadt in der folgenden Zeit keine Verfolgung mehr stattfindet. Die palästinischen Judenchristen fielen nicht weiter auf. Die Gruppe der hellenistischen Judenchristen dagegen, die in Richtung Norden floh (vgl. Apg 8,1b), fand in Damaskus Zuflucht.

2. Die »Offenbarung des Sohnes«

Anders als in der bunten Erzählung Apg 9,1–19 spricht Paulus recht formelhaft von seiner Christuserfahrung, die die entscheidende Wende in seinem Leben herbeiführt (Phil 3,7–11). »Als es aber Gott, der mich schon im Mutterleib auserwählt und durch seine Gnade berufen hatte, gefiel, mir seinen Sohn zu offenbaren, damit ich ihn unter den Heiden verkündige, da wandte ich mich nicht an Fleisch und Blut um Rat« (Gal 1,15f). Im Mittelpunkt steht das Handeln Gottes. Sein Beschluss, der auf das den menschlichen Augen verborgene Geheimnis seines Willens – seines Wohlgefallens – zurückgeht, besteht in der Offenbarung des Sohnes. Dass Gott die Initiative von vornherein ergreift und behält, zeigt sich in der Erwählung des Paulus »schon im Mutterleib« und in der Berufung »durch seine Gnade«, die seine Sendung bestimmen wird.

Paulus verwendet Bilder und Begriffe, die ein prophetisches Berufungs- und Sendungsbewusstsein ausdrücken. Die nächste Parallele ist die Berufung des Gottesknechts nach Jes 49,1: »Jahwe berief mich vom Mutterleib, vom Mutterschoß an nannte er meinen Namen.« Auch Jeremia lässt Gott in ähnlicher Weise sprechen: »Bevor ich dich im Mutterleib bildete, habe ich dich erkannt; bevor du aus dem Mutterschoß hervorgingst, habe ich dich geheiligt. Zum Völkerpropheten habe ich dich gemacht« (Jer 1,5).

Zurückblickend auf seine christliche Vergangenheit deutet Paulus seinen ganzen Lebensweg mit Hilfe von traditionellen Wendungen. In Anbetracht der Auswirkung besteht kein Zweifel, dass die »Offenbarung des Sohnes« für Paulus eine tiefgreifende Erfahrung gewesen ist. Nichts weist auf einen Weg des Studiums oder der Reflexion hin, der schließlich zur Annahme der christlichen Botschaft geführt hätte. Gal 1,15–17 hinterlässt vielmehr den Eindruck des Unvermittelten, Überraschenden, das durch nichts vorbereitet wurde. Um das Phänomen adäquat zu erfassen, wird man eine charismatische Erfahrung nach der Art prophetischer Berufungen annehmen dürfen. Dabei bleibt die Erfahrung selbst in ihren Grundzügen eigenartig unbestimmt. Die gängigen Formen, um das letztlich Unaussprechliche doch zur Sprache zu bringen, wie Visionen[11] und Auditionen, werden nicht genannt. Der Unterschied zu Apg 9,1–9; 22,4–11; 26,12–18 ist unübersehbar.

Vielleicht war die Tiefe der Erfahrung der Grund, weswegen Paulus auf jede »Darstellung« verzichtet und das Ereignis in der Sprache der Überlieferung mitgeteilt hat. Diese Sprache erlaubt es zwar nicht, das Geschehen zu rekonstruieren – wann, wie, unter welchen Umständen –, sie vermag jedoch Substantielles auszudrücken. Folgende Aspekte sind dabei herauszustellen:

- Die Auserwählung vom Mutterschoß an betont zuerst die gnadenhafte Initiative Gottes. Die Frage nach der Entscheidungsfreiheit, da Paulus ja von vornherein von Gott auserwählt wurde, spielt keine Rolle. Die Auserwählung aber bedeutet keinen Determinismus. Sie entfaltet sich im Rahmen einer konkreten menschlichen Geschichte mit allen Grenzen und Möglichkeiten, die dazu gehören.
- Die Berufung bringt die Auserwählung zu Bewusstsein, aber beides gehört zusammen. Die »Offenbarung des Sohnes« vollzieht sich als Berufung, nicht als Bekehrung. Der Gott, der dem Paulus den Sohn offenbart und ihn in seinen Dienst ruft, ist der Gott seines Glaubens, dem er bereits zuvor auf einem anderen Weg gedient hat. Die Wende in seinem Leben bedeutet keinen totalen Bruch mit seiner Vergangenheit, sondern sorgt für eine fundamentale Neuorientierung. Die ihm geschenkte Erkenntnis Christi Jesu (Phil 3,8) wird sein Leben für immer bestimmen (3,14).
- Die Christuserfahrung berührt in keinerlei Weise seine jüdische Identität. Wie im Fall des Gottesbildes entdeckt Paulus vielmehr nun die wahre Dimension seines Judentums: Nicht rein äußerlich durch das Zeichen der Beschneidung, sondern

---

[11] In 1Kor 9,1 und 15,8 behauptet Paulus, den Herrn gesehen zu haben. Wie in 2Kor 12,1 handelt es sich dabei wahrscheinlich um ekstatische Erfahrungen, die aber mit der »Offenbarung des Sohnes« nicht in Verbindung gesetzt werden.

innerlich durch die Beschneidung des Herzens unter der Führung des Geistes und nicht ein Leben nach dem Buchstaben. »Der Ruhm eines solchen Juden kommt nicht von Menschen, sondern von Gott« (Röm 2,28f). Die Verbundenheit mit seinem eigenen Volk und die Frage nach dessen endzeitlichem Schicksal sind die Themen von Röm 9–11. Paulus glaubt, dass die Verstockung eines Teils Israels aufhören wird, wenn die Heiden in voller Zahl das Heil erlangt haben werden (11,25).

- Auserwählung und Berufung sind nicht Selbstzweck. Wie bei den alttestamentlichen Propheten sind sie die notwendige Voraussetzung für die Sendung. Zum Zeitpunkt seiner Christuserfahrung konnte Paulus von seiner Sendung zu den Heiden noch nichts wissen. Der Inhalt seiner Sendung wird ihm allmählich während seines Wirkens in der antiochenischen Gemeinde klar.

- Die »Offenbarung des Sohnes« bringt die grundlegende Erkenntnis mit sich, die den Kern des paulinischen Evangeliums, d. h. seine Botschaft, prägen wird. Wenn Gott den Menschen aus seiner Verlorenheit durch den Tod des Sohnes am Kreuz rettet, dann gibt es keine andere Heilsinstanz, die damit konkurrieren kann. Keine andere Größe, wie etwa die Beobachtung des jüdischen Gesetzes, vermag die Heilsrelevanz dieses Ereignisses zu relativieren. Die Polemik des Paulus gegen das Gesetz, besonders im Galater- und im Römerbrief, ist von der »Offenbarung des Sohnes« her zu verstehen.

- Auserwählung und Sendung legitimieren den Apostolat des Paulus. Wenn Gott bzw. Jesus Christus ihn sendet, schließt das jede Art von menschlicher Vermittlung aus. Er ist Apostel, »aber nicht von Menschen, auch nicht durch einen Menschen, sondern durch Jesus Christus und Gott den Vater (Gal 1,1). Die Distanz zur Urgemeinde in Jerusalem und zu ihren Anführern äußert sich in der Tatsache, dass Paulus erst drei Jahren nach seiner Christuserfahrung nach Jerusalem hinaufgeht, »um den Kephas zu besuchen« (Gal 1,18). Der ehemalige Verfolger der Gemeinde bemüht sich nicht, Kontakt mit denen aufzunehmen, die an der Spitze der Urgemeinde stehen. Er braucht keine andere Legitimation als die, die er von Gott erhalten hat. Die Bezeichnung des Petrus mit dem aramäischen Namen »Kephas« knüpft an die Überlieferung von der Namensgebung durch Jesus an. Damit ist wenigstens indirekt eine Anerkennung der Autorität des Petrus verbunden. Aber der Zweck der Begegnung, »um Kephas zu besuchen«, lässt keinen Zweifel darüber aufkommen, dass Paulus sich dieser Autorität nicht unterworfen fühlt.

● Eine derartige Sonderstellung passt natürlich nicht in das ekklesiologische Konzept des Lukas, der den Paulus durch die Vermittlung des Barnabas in den Kreis der Apostel in Jerusalem aufnehmen lässt (Apg 9,27). Hier wird Paulus zum dreizehnten Apostel, der sich harmonisch in das Leben der Gemeinde einfügt. Die Harmonisierungstendenz geht so weit, dass die paulinische Mission unter den Heiden in dieser Sicht nur die von Petrus begonnene Mission mit der Bekehrung und Taufe des Kornelius (Apg 10,1–48) und der Anerkennung des Geschehens durch die Jerusalemer Gemeinde (Apg 11,1–18) fortsetzt.[12] Die paulinische Version insistiert dagegen auf der Eigenständigkeit des Apostels.

● Auserwählung und Sendung legitimieren auch den Inhalt seiner Botschaft. Paulus negiert emphatisch, dass der Kern seiner Botschaft, d. h. das Evangelium vom Heil in Jesus Christus unabhängig von Werken des Gesetzes, in irgendeiner Weise auf menschlichen Einfluss zurückgeführt werden kann. Zuerst behauptet er in allgemeiner Weise, sein Evangelium sei nicht »nach menschlicher Art« (Gal 1,11b); damit ist die Herkunft der Botschaft gemeint, wie in den folgenden Aussagen expliziert wird, und es werden zwei Formen des Empfangs explizit ausgeschlossen:

---

[12] Bei dieser Darstellungsweise wird kaum verständlich, warum die Frage nach der Aufnahme der Heiden, wenn sie zuvor nicht beschnitten waren, später so virulent wurde, sodass nur die Versammlung der Apostel und Presbyter in Jerusalem eine Lösung herbeiführen konnte (Apg 15,1–29).

- Paulus hat sein Evangelium nicht von einem anderen Menschen empfangen (Gal 1,12a). Das Verb für »empfangen« (παραλαμβάνω) ist ein Terminus technicus für die Annahme der Überlieferung: Ein bestimmter Inhalt wird von einem Menschen zu einem anderen weitergegeben.

- Paulus hat sein Evangelium nicht durch schulmäßige Vermittlung gelernt; er wurde nicht unterrichtet (Gal 1,12b). Nirgends angedeutet ist ein Lehrer-Schüler-Verhältnis, das das Erlernen der Botschaft ermöglicht hätte. Hier wäre Paulus Schüler eines christlichen Lehrers gewesen, der ihm die Botschaft seines Evangeliums beigebracht hätte.

• Nach dieser doppelten Absage verweist Paulus auf die einzige Quelle seines Evangeliums: eine »Offenbarung« (ἀποκάλυψις) Jesu Christi. Auch »Offenbarung« ist ein Terminus technicus für die Selbstmitteilung Gottes, der allein sein göttliches Geheimnis den Menschen bekannt machen kann. Es liegt in der Natur der Sache, dass keine Offenbarung argumentativ als solche plausibel gemacht werden kann. Falls das gelingen würde, wäre es um den Preis, dass die Offenbarung zu einem menschlichen Erkenntnisvorgang degradiert werden würde. Die spezifische Qualität der Offenbarung verbietet die Vermittlung jeder menschlichen Instanz. Die Glaubwürdigkeit einer Offenbarung hängt zunächst mit der Glaubwürdigkeit dessen zusammen, der seine Botschaft als Offenbarung ausgibt.

Schon durch die Auserwählung und Berufung legitimiert, liefert das Offenbarungsmotiv eine zusätzliche Legitimation der Wahrheit des Evangeliums, die im Rahmen des prophetischen Bewusstseins bleibt. Auch das Wort des Propheten ist nur Spruch des Herrn. In seinem Wort offenbart sich die Wahrheit Gottes, und deswegen verlangt das Wort des Propheten den Gehorsam der Gläubigen. Wenn Paulus sein Evangelium auf die Offenbarung Jesu Christi zurückführt, kann kein Zweifel über die Wahrheit seines Inhaltes und über den an die Adresse der Gläubigen erhobenen Anspruch auf Gehorsam bestehen.

3. Der Völkermissionar

Wir kennen Paulus nur aufgrund seiner Briefe, die er in einer späten Phase seines Lebens geschrieben hat, während er als Völkermissionar den Kontakt zu den Gemeinden pflegte. In einem ersten Punkt versuchen wir, chronologische Eckdaten des Lebens des Paulus nach seiner Berufung zu gewinnen.

3.1. Die Chronologie

Chronologische Angaben zum Leben des Paulus *in seinen Briefen* sind sehr spärlich:

- 2Kor 11,32 erwähnt zur Zeit seines Damaskusaufenthaltes den namentlich nicht genannten Statthalter des nabatäischen Königs Aretas, der von 9. vC. bis 40 nC. regierte. Die große Zeitspanne lässt keine präzise Datierung der Ereignisse in Damaskus (Apg 9) zu.
- Gal 1,18: »Darauf, nach drei Jahren ging ich nach Jerusalem hinauf.« Der zeitliche Bezugspunkt der Aussage ist die Christuserfahrung.
- Gal 2,1: »Darauf, nach vierzehn Jahren, ging ich erneut nach Jerusalem hinauf.« Hier ist der zeitliche Bezugspunkt unklar: Sind es 14 Jahren nach dem ersten Besuch in Jerusalem (Gal 1,18) oder nimmt er wieder Bezug auf seine Christuserfahrung?[13] Sprachlich betrachtet ist die erste Möglichkeit die wahrscheinlichere. Da die angefangenen Jahre voll mitgezählt werden, umfasst die angesprochene Zeitspanne insgesamt 16 Jahre, aber der Text liefert keinen Bezug zur profanen Chronologie.

Nur einige Stellen der Apostelgeschichte erlauben, von den Aussagen über Paulus die Brücke zur *absoluten Chronologie* zu schlagen. Die Angaben sind wohl von keinem erkennbaren

---

[13] Die Angabe über die ekstatische Erfahrung, die Paulus vor »vierzehn Jahren« widerfahren ist (2Kor 12,2), vermag keine Entscheidung herbeizuführen.

theologischen Interesse geleitet und können daher in Betracht gezogen werden. Freilich lässt sich die Zuverlässigkeit der von Lukas übernommenen Quellen nicht mehr überprüfen:

- Nach Apg 18,12 war Gallio[14] Prokonsul in Achaia, als Paulus in Korinth, der Hauptstadt Achaias, ein Jahr und sechs Monate verbrachte (Apg 18,11). Dank einer 1905 veröffentlichten Inschrift, die in Delphi gefunden wurde, lässt sich ein wichtiger Bezugspunkt zur paulinischen Chronologie bestimmen. Es handelt sich um ein Edikt des Kaisers Claudius (39–54), das im 26. Jahr seiner Akklamation zum Kaiser erlassen wurde. Das entspricht dem 12. Jahr seiner Regentschaft, und zwar zwischen dem 25. Januar und dem 1. August 52. In diesem Edikt wird Gallio als Freund des Kaisers und Prokonsul in Achaia bezeichnet. Ein Prokonsul wurde vom römischen Senat ernannt und verwaltete eine senatorische Provinz. Sein Amt, das er gewöhnlich im Frühsommer antrat, übernahm er in der Regel für ein Jahr, in einigen Fällen auch für zwei. Im Fall Gallios weiß man nicht, ob er das Amt zum Frühsommer 51 oder 52 übernommen hat, unter der Voraussetzung, dass er nur ein Jahr als Prokonsul amtierte. Ebenso unbekannt bleibt die Zeit der Unruhen in Korinth, die zur Begegnung zwischen Paulus und Gallio führte (Apg 18,12). Wie auch immer, Paulus' Aufenthalt in Korinth wird zwischen 51 und 52 zu vermuten sein.

- Bei seiner Ankunft in Korinth begegnet Paulus dem jüdische Ehepaar Aquila und Priszilla, das kurz zuvor aus Italien gekommen war, nachdem Kaiser Claudius die Juden aus Rom vertrieben hatte (Apg 18,2).[15] Die Maßnahme des Claudius (vgl. Sueton, Vita Claudii 25, 4) wird nach einer anderen Quelle auf das Jahr 49 nC. datiert. Wenn Paulus sich in Ko-

---

[14] Lucius Iunius Gallio war Bruder des Philosophen Seneca.

[15] Apg 18,2f erwähnt, dass Paulus sich dem Ehepaar anschloss, weil es das gleiche Handwerk wie Paulus betrieb, sie waren nämlich Zeltmacher. Als Textilarbeiter konnte der Apostel von der Arbeit seiner Hände leben, ohne den Gemeinden zur Last zu fallen (1Thess 2,9; 1Kor 4,12).

rinth ein Jahr und sechs Monate aufhielt[16], kann dieser Aufenthalt zwischen Sommer 50 und Winter 51 eingeordnet werden – mit einer Abweichung von etwa sechs Monaten. In dieser Zeit würden die Begegnungen zuerst mit Aquila und Priszilla und später mit Gallio fallen.

Von hier aus sind die Angaben der *relativen Chronologie* festzulegen:

• Wenn Paulus etwa im Sommer 50 in Korinth ankommt, dann fand die Christuserfahrung etwa im Jahr 32/33, der Besuch in Jerusalem drei Jahre darauf (Gal 1,18) im Jahr 34/35 und der Apostelkonvent (Gal 2,1–10) im Jahr 47/48 statt.

• Im Hinblick auf die »Offenbarung des Sohnes« (Gal 1,15f) bedeutet dies, dass sich die Eingliederung einiger hellenistischer Juden in die Jerusalemer Gemeinde bald nach der Kreuzigung Jesu (im Jahr 30) vollzog und dass Paulus ebenso prompt auf diese Erscheinung reagierte, um sie leidenschaftlich zu bekämpfen.

• Die Quellen über die Tätigkeit des Apostels zwischen seiner Christuserfahrung und dem Apostelkonvent, der die folgende Etappe als Missionar in der Diaspora einleitet, verlangen eine genaue Überprüfung. Die Episode in Damaskus, als der Statthalter des nabatäischen Königs Aretas ihn festnehmen wollte und er durch ein Fenster in einem Korb die Stadtmauer heruntergelassen wurde (2Kor 11,32f), muss vor 40 – dem Ende der Regierungszeit des Aretas – stattgefunden haben. Apg 9,23–25 stellt das Geschehen in ähnlicher Weise gleich nach der »Bekehrung« des Paulus dar (Apg 9,1–9), ohne den politischen Hintergrund zu erwähnen. Nach dieser Fassung trieb Paulus in Damaskus christliche Mission unter den Juden, und so kam es zum Konflikt, der sein Leben in Gefahr brachte.

• Paulus selbst berichtet in Gal 1,17b, dass er nach der Offenbarung des Sohnes nach Arabien ging und später nach Damaskus zurückkehrte. Versteht man diese Angabe im Zusam-

---

[16] Nach Apg 18,18 blieb Paulus dort noch längere Zeit.

menhang mit 2Kor 11,32f, lassen sich die Ereignisse anders rekonstruieren und genauer datieren. »Arabien« meint ein präzises, wenn auch großes Gebiet, südlich von Damaskus, das an das nabatäische Reich grenzte.[17] Aufgrund seines neu gewonnenen Sendungsbewusstseins (Gal 1,16) kann man annehmen, dass Paulus sich dort nicht in die Einsamkeit zurückzog, sondern versuchte, den christlichen Glauben zu verkünden. Wir wissen nicht, wo und wie lange er diesen Versuch unternahm, aber es dürfte sicher sein, dass dies auch im Gebiet der Nabatäer geschah. Denn nur so lässt sich erklären, dass später in Damaskus der Statthalter[18] des Königs Aretas die Stadt bewachen lässt, um ihn festzunehmen (2Kor 11,32). Diese Maßnahme setzt voraus, dass Paulus mit seiner Predigt im nabatäischen Gebiet negativ auffiel. Das war wahrscheinlich auch ein Grund, weswegen er nach Damaskus ging, ohne zu ahnen, dass sein Ruf ihm vorauseilte. Dass auch die Animosität der Juden dort gegen ihn eine Rolle spielte (Apg 9,23–25), lässt sich nicht ausschließen, aber die eigentliche Ursache des Konflikts war die Reaktion auf den ersten missionarischen Versuch im nabatäischen Reich.

- Die Reise nach Jerusalem im Jahr 34/35 (Gal 1,18) dürfte die Folge der Ereignisse in Damaskus sein. Auch Lukas erwähnt eine Reise Paulus' nach Jerusalem (Apg 9,26–30), aber er setzt sie viel früher an und gibt ihr eine ganz andere Bedeutung: Barnabas führt ihn in den Kreis der Apostel ein (Apg 9,27).

- Nach seinem Besuch in Jerusalem geht Paulus in das Gebiet von Syrien – hier ist an Damaskus zu denken – und Zilizien (Gal 1,21). Das stimmt grundsätzlich mit der Notiz des Lukas überein – trotz der unterschiedlichen Zeitangabe –, dass die Brüder in Jerusalem den Apostel nach Tarsus, seinen Geburtsort, sandten (Apg 9,30). Die knappe Notiz in Gal 1,21 weist auf eine Missionstätigkeit des Paulus in diesen Gebie-

---

[17] Vgl. *M. Hengel*, Paulus in Arabien, in: *ders.*, Paulus und Jakobus. Kleine Schriften III, Tübingen 2002, 193–212.

[18] Eine Art Volksvertreter (ἐθνάρχης) der Nabatäer – mit Genehmigung der Römer – in Damaskus.

ten hin. Großstädte wie Tarsus und Antiochia eigneten sich für die Verkündigung der christlichen Botschaft. Zusätzliche Informationen über Missionsformen und -erfolge werden nicht mitgeteilt.

- Ganz im Sinn der lukanischen Ekklesiologie geht die Gemeinde in Antiochia gleich nach ihrer Entstehung in die Obhut der Jerusalemer Gemeinde über, die den Barnabas zu ihr schickt (Apg 11,21). Angesichts des raschen Wachstums der antiochenischen Gemeinde holt Barnabas Paulus aus Tarsus herbei und nimmt ihn nach Antiochia mit: »Dort wirkten sie miteinander ein volles Jahr« (Apg 11,25f).

- Ob Paulus nur ein Jahr in Antiochia blieb, ist fraglich. Wenn der Zwischenfall mit Petrus nach dem Apostelkonvent sich in der dortigen Gemeinde abspielt (Gal 2,11–14), kann man davon ausgehen, dass die Aufnahme von Heiden, ohne sie zuvor zu verpflichten, sich beschneiden zu lassen, auch dort stattgefunden hat. In diesem Punkt ist die Angabe in Apg 15,2 zuverlässig, dass nämlich Barnabas und Paulus im Namen der antiochenischen Gemeinde dieses Anliegen in Jerusalem vorgetragen haben.[19] Infolgedessen ist die Vermutung nicht unbegründet, dass Paulus am Leben der Gemeinde länger als ein Jahr teilnahm.

- Eine andere Beobachtung dient als zusätzliches Argument. In den paulinischen Briefen gibt es zahlreiche Texte, die der christlichen Überlieferung entnommen sind. Wo konnte der Apostel diese Überlieferung kennengelernt haben, wenn nicht in einer christlichen Gemeinde? Antiochia bietet sich besonders an, weil die Stadt nach Rom und Alexandria die größte Stadt des Reiches war[20] und sich dort eine blühende christliche Gemeinde gebildet hatte.[21] Beispiele für traditionelle Texteinheiten bei Paulus:

---

[19] Gal 2,1 sagt nichts über den Ausgangspunkt der Reise nach Jerusalem.

[20] Die Einwohnerzahl wird auf eine halbe Million Einwohner geschätzt.

[21] Die Gläubigen werden dort zum ersten Mal »Christen« genannt (Apg 11,26) und helfen der Jerusalemer Gemeinde in der Zeit einer Hungersnot mit ihrem Vermögen (Apg 11,27–29).

- Christologische Lieder: Phil 2,6–11; Röm 1,3f
- Glaubensformeln: von der Auferstehung: Röm 4,24; 8,11; 10,9; 1 Kor 15,3–5; Gal 1,1; vom Tod: Röm 5,8; 14,15; 1 Kor 8,11; 15,3; von der Hingabe: Röm 8,32; Gal 1,4; 2,20
- Worte des Herrn: 1 Kor 7,10; 9,14; 1 Thess 4,15f
- Einsetzungsbericht: 1 Kor 11,23–25

- Die nächste Zeitangabe betrifft den Aufenthalt des Paulus in Ephesus: Er lehrt dort drei Monate in der Synagoge (Apg 19,8) und zwei Jahre im Lehrsaal des Tyrannus[22] (Apg 19,9f). Apg 20,31 spricht von drei Jahren. Da nach dem Aufenthalt in Korinth (Sommer 50 bis Winter 51) die Rückkehr nach Antiochia und der Aufbruch zu einer neuen Missionsreise miteinzubeziehen sind, lässt sich Paulus' Aufenthalt in Ephesus auf die Zeitspanne zwischen den Jahren 53 und 55 eingrenzen.
- Dem Aufenthalt in Ephesus folgt eine kurze Tätigkeit in Mazedonien und Achaia (Apg 19,21), die sich nach Apg 20,3 auf drei Monate beschränkt. Anschließend fährt Paulus über Troas und Milet nach Jerusalem (Apg 20,38). Kurze Zeit nach seiner Ankunft dort wird Paulus verhaftet (Apg 21,33) und nach Cäsarea gebracht (Apg 23,23–35), wo er zwei Jahre verbringt (Apg 24,27), etwa von 56 bis 57. Seine Überstellung nach Rom (Apg 27,1–28,15) erfolgt nach diesen Berechnungen im Jahr 58. Schließlich wird ein zweijähriger Aufenthalt in einer römischen Mietwohnung erwähnt (Apg 28,30), d. h. 59 bis 60. Bedenkt man die zurückzulegenden Entfernungen dieses Itinerars sowie die eingeschränkten Reisemöglichkeiten – die Schifffahrt wurde jeweils vom 11. November bis zum 10. März eingestellt –, ganz abgesehen von unvorhergesehenen Faktoren, die wir nicht kennen, versteht sich, dass die angegebenen Zeiten nur als Annäherungswerte aufgefasst werden dürfen.
- Nach einem apokryphen Martyrium wurde Paulus in der Zeit der neronischen Verfolgung (64) umgebracht. Der genaue Zeitpunkt seines Todes bleibt indes unbekannt.

---

[22] Über die Person des Tyrannus liegt keine Information vor.

Als Ergebnis halten wir fest:

Kreuzigung Jesu 30
Christuserfahrung 32/33
Erster Besuch in Jerusalem 34/35
Apostelkonvent 47/48
Aufenthalt in Korinth 50/51
Aufenthalt in Ephesus 53–55
Gefangenschaft in Cäsarea 56/57
Überführung nach Rom 58
Gefangenschaft in Rom 59/60

Exkurs: Die paulinische Chronologie – ein ungelöstes Problem

Die hier vorgelegte Chronologie entspricht mit kleinen Abweichungen einem breiten Konsens in der Forschung. Die Quellenlage erschwert größere Sicherheit und lässt Raum für andere Rekonstruktionen. Im Folgenden seien einige wichtige abweichende Meinungen erwähnt:

- A. *Suhl*[23] meint, auch Johannes, der Sohn des Zebedäus, sei zusammen mit seinem Bruder Jakobus von Herodes Agrippa hingerichtet (a. a. O. 316–21). Infolgedessen habe der Apostelkonvent bereits im Jahr 43/44 stattgefunden.
- G. *Lüdemann*[24] datiert das Edikt des Claudius, das die Vertreibung der Juden verordnete, schon ins Jahr 41. Dementsprechend wird die Mission des Paulus in Mazedonien und Achaia vorverlegt. Sogar der antiochenische Zwischenfall (Gal 2,11–14) wird *vor* dem Apostelkonvent (Gal 2,1–10) datiert (a. a. O. 101–105).
- Auch nach R. *Jewett*[25] fand die »zweite Missionsreise« *vor* dem Apostelkonvent statt.

---

[23] Paulus und seine Briefe. Ein Beitrag zur paulinischen Chronologie, Gütersloh 1975.

[24] Paulus, der Heidenapostel. I: Studien zur Chronologie, Göttingen 1980.

[25] Paulus-Chronologie. Ein Versuch, München 1982 (Originalausgabe: A Chronology of Paul's Life, Philadelphia 1979).

- *J. Gnilka*[26] bringt den Apostelkonvent in Zusammenhang mit der Rückkehr nach Jerusalem nach dem Aufenthalt in Korinth (Apg 18,22). Paulus habe seine Missionstätigkeit in Europa nicht erst begonnen, als er etwa 45 Jahre alt war (a. a. O. 66f).
- *R. Schäfer*[27] datiert den Apostelkonvent (Gal 2,1–10) um das Jahr 40 anlässlich seiner zweiten »Jerusalemreise« nach Apg 11,27–30; 12,25 (a. a. O. 447–452). Davon zu unterscheiden sei das Apostelkonzil (Apg 15), das im Herbst 47 stattgefunden habe (a. a. O. 458–464).

Es steht außer Frage, dass jeder dieser Entwürfe zur Chronologie durch Argumente gestützt wird, die beachtenswert sind. Zwei Hauptprobleme scheinen jedoch durchgängig einer noch näheren Überprüfung zu bedürfen: (1) Wie lassen sich die Angaben der Apostelgeschichte zu den Reisen des Paulus – die großen Entfernungen und der erhebliche Zeitaufwand sowie die schwierigen Reiseumstände – mit den paulinischen Angaben und denen der absoluten Chronologie in Einklang bringen? (2) Ist eine ausgedehnte Missionstätigkeit des Paulus in Galatien, Mazedonien, Achaia und Kleinasien vor dem Apostelkonvent plausibel? Die oben erwähnten Ansichten zeigen nur, dass die Forschung in diesen Fragen bislang keine überzeugende Antwort gefunden hat.

3.2. Die Reisen

Die Apostelgeschichte berichtet von drei Missionsreisen:
1. Missionsreise 13,4–14,28;
2. Missionsreise 15,36–18,22;
3. Missionsreise 18,23–21,17.

---

[26] Paulus von Tarsus. Apostel und Zeuge, Freiburg u. a. 1996.
[27] Paulus bis zum Apostelkonzil. Ein Beitrag zur Einleitung in den Galaterbrief, zur Geschichte der Jesusbewegung und zur Pauluschronologie, Tübingen 2004.

Die *erste Reise* hat sehr wahrscheinlich nie stattgefunden.[28] Dass Paulus und Barnabas beschließen, sich den Heiden zuzuwenden (Apg 13,46f), nachdem die Juden in Antiochia in Pisidien ihre Botschaft abgelehnt haben (13,44f), ist vor der Entscheidung des Apostelkonvents (Apg 15,1–29; Gal 2,1–10) nur schwer vorstellbar. Die Mission unter den Heiden hatte dann Aussicht auf Erfolg, wenn die Übernahme des christlichen Glaubens nicht mit der Beschneidung und der Annahme des jüdischen Gesetzes verbunden war. Und dies wird nur nach dem Apostelkonvent möglich gewesen sein.

Nach dem Itinerar der Apostelgeschichte gelangen Paulus und Barnabas von Antiochia aus mit dem Schiff nach Zypern (Apg 13,4). Es geht weiter nach Antiochia in Pisidien (13,14), ferner nach Ikonion (13,51), Lystra und Derbe (14,6).

Auf der sogenannten *zweiten Reise* reist Paulus auf dem Fußweg durch Syrien und Zilizien (Apg 15,41) und gelangt schließlich nach Derbe und Lystra (16,1). Die sich wiederholenden Angaben werden dann plausibel, wenn Lukas Einzelheiten aus einer einzigen Missionsreise auf zwei Reisen verteilt hat. Die Worte des Paulus und Barnabas bei ihrer Rückkehr nach Antiochia, Gott habe den Heiden die Tür zum Glauben geöffnet (14,27), legen die Absichten des Lukas bei der Beschreibung der »ersten Reise« offen: Er will nicht nur den missionarischen Erfolg zeigen, sondern auch die nächste große Texteinheit Apg 15,1–29 vorbereiten, in der das Problem der Präsenz der Heiden in den christlichen Gemeinden durch den Beschluss des Apostelkonvents geregelt wird.

Die Reise nach dem Apostelkonvent (ab Apg 15,40) wird in den ersten Etappen nur sehr summarisch geschildert: Nach einem Aufenthalt in Derbe und Lystra (16,1) führt der Weg durch Phrygien und das galatische Land weiter durch Mysien bis Troas (16,8)[29], von wo aus Paulus nach Mazedonien fährt. Erst ab hier erfährt der Leser mehr Details über die Reise: der

---

[28] Die Einzelheiten sind in der Forschung umstritten.
[29] Die Entfernung beträgt mehr als 1000 km.

Aufenthalt in Philippi (16,11–40), die Weiterfahrt nach Thessalonich (17,1–9), die Ereignisse in Athen (17,16–34), die Zeit in Korinth (18,1–17).

Mit wenigen Worten wird die Rückreise geschildert (Apg 18,18–22): Von Korinth nach Ephesus, von dort nach Cäsarea, ein kurzer Besuch in Jerusalem und dann schließlich nach Antiochia.

Die Reise lässt sich im Zeitraum zwischen 48/49 und Sommer 51 unterbringen. In dieser Zeit entstehen christliche Gemeinden in Städten bzw. Regionen, an die sich Paulus mit seinen Briefen wenden wird: Thessalonich, Philippi, Korinth und Galatien.

Auch über den Auftakt zur *dritten Reise* erfährt man wenig. Von Galatien über Phrygien (Apg 18,23) gelangt Paulus rasch nach Ephesus (19,1), wo er mehr als zwei Jahre verbringt (19,8.10; 20,31). Es folgen vage Andeutungen über einen Aufenthalt in Griechenland und Mazedonien (20,1–4), wo er sich von Philippi bzw. Neapolis aus nach Troas einschifft (20,6). Nach der Begegnung mit den Christen aus Ephesus in Milet (20,17–38) reist Paulus nach Cäsarea und von dort nach Jerusalem (21,1–17).

Diese Reise ist von besonderer Bedeutung, weil Paulus nicht nach Antiochia zurückkehrt, sondern nach Jerusalem, um der dortigen Gemeinde die Kollekte der Heiden zu überbringen. Inzwischen sind viele Vorbehalte gegenüber seiner Person geäußert worden. In dieser gespannten Situation ist Paulus nicht sicher, ob die Kollekte auch als Zeichen der Solidarität der Heidenchristen mit den Gläubigen in Jerusalem aufgenommen werden wird (vgl. Röm 15,30–32; Apg 20,22f).

In den Briefen spricht Paulus auch von Reisen, die in den Quellen des Lukas nicht erwähnt werden. Nach Röm 15,19 hat er das Evangelium bis nach Illyrien, dem Gebiet nördlich von Mazedonien, gebracht. Ob auch manch andere geplante Reise realisiert wurde, lässt sich nicht überprüfen, etwa die Reise von Korinth nach Mazedonien und wieder zurück (1Kor 16,5; 2Kor 1,23) oder die Reise nach Spanien (Röm 15,24.28; vgl. I Clem 5, 7).

Die *letzte Reise* unternimmt Paulus als Gefangener. Seine Absicht, Rom zu besuchen (Röm 1,11–13), verwirklicht sich in einer Weise, die er nicht vermuten konnte (Apg 27,1–28,15).

Noch stärker als in der Frage der Chronologie ist Lukas – abgesehen von wenigen Ausnahmen – die Hauptquelle für unsere Kenntnis über die Reiseaktivitäten des Paulus. Über den Charakter seiner Quellen lässt sich nichts Sicheres sagen. Da die antiochenische Gemeinde ein wichtiger Bezugspunkt dieser Reisen ist, kann man vermuten, dass derartige Itinerare dort entstanden sind. Sie wurden reichlich mit Berichten von Ereignissen ausgeschmückt, die die rasche Ausbreitung des Christentums durch das Wirken des Völkermissionars eindrucksvoll dokumentieren sollten.

3.3. Paulus und die Gemeinden

3.3.1. Paulus, der Gemeindegründer

Die Verkündigung des Evangeliums erreicht ihr Ziel, wenn sie kraft der Gnade bei den Hörern gläubige Aufnahme findet (1Thess 1,9). Dies geschieht im Herzen eines jeden Menschen, aber der Vorgang entfaltet sich nicht allein auf der individuellen Ebene. Der eigentliche Horizont der Verkündigung ist die Gemeinde, die durch das Hören des Wortes entsteht. Darin sieht Paulus den Sinn seiner Sendung als Bote des Evangeliums. Deswegen wirkt er dort, wo eine christliche Gemeinde entstehen konnte: In Städten und Dörfern (Gal 1,2), in Hafenstädten (Thessalonich, Korinth, Ephesus) oder in Städten, die an wichtigen Verkehrsknotenpunkten liegen (Philippi).

Weit wichtiger als diese »strategischen« Gesichtspunkte ist die Überzeugung seiner Verantwortung für seine Gemeinden. Paulus drückt dies im Bild des Bauwerks aus (1Kor 3,10–15). Das Fundament ist schon gelegt: Jesus Christus. Der Baumeister kann mit unterschiedlichem Material weiterbauen, aber nur auf dem einen, bereits gelegten Fundament. Entscheidend ist nun, ob der Bau am Tag der endzeitlichen Prüfung bestehen kann, denn das hat Folgen für den Baumeister selbst. Er wird sich retten, aber »wie durch Feuer hindurch«.

Im gleichen Sinn ermahnt Paulus die Philipper: »Haltet fest am Wort des Lebens, mir zum Ruhm für den Tag Christi, damit ich nicht vergeblich gelaufen bin oder mich umsonst abgemüht habe« (Phil 2,16). Paulus verknüpft den Bestand der Gemeinden mit dem Sinn seines eigenen Lebens, das er voll in den Dienst der Verkündigung gestellt hat. Sollte sich am Tag Christi offenbaren, dass die Gemeinde am Wort des Lebens nicht festgehalten hat, dann waren all seine Bemühungen vergeblich. Nur Gott kann den Gemeinden Wachstum schenken, aber das entbindet die Mitarbeiter Gottes keineswegs von ihrer Verantwortung, sich für den Acker Gottes ganz einzusetzen (1Kor 3,7–9).

3.3.2. Paulus und seine Gemeinden

Paulus ist Gemeindegründer, aber nicht Gemeindeleiter. Sein apostolisches Bewusstsein drängt ihn dazu, immer wieder neue Ziele für die Verkündigung des Evangeliums anzustreben. Darum will er sich nicht an eine Gemeinde binden. Das heißt aber nicht, dass er seine Verantwortung für jede Gemeinde nur halbherzig wahrnimmt, um seine Beweglichkeit und Unabhängigkeit zu bewahren. Für Paulus bedeutet apostolische Freiheit in keinem Fall Unverbindlichkeit.

Die Bindung an die Gemeinden kommt auf unterschiedliche Weise zum Ausdruck. Weil er die Ungewissheit über das Los der Gemeinde in Thessalonich nicht erträgt, schickt er seinen Mitarbeiter Timotheus dorthin, um sich darüber zu erkundigen (1Thess 3,1–2.5). Die Sorge um den Bestand der Gemeinde ist nicht vorgespielt. Als Paulus durch Timotheus gute Nachrichten über die Thessalonicher empfängt, schreibt er unüberhörbar erleichtert: »Wie können wir Gott euretwegen genug danken für all die Freude, die uns um euretwillen vor unserem Gott erfüllt?« (3,9).

Sein Fernsein von den Gemeinden bedeutet auch nicht, dass er auf seine Autorität verzichtet, wenn Probleme auftauchen, die ein Orientierungswort erforderlich machen. Wie dezidiert er dann eingreift, ist in vielen Texten bezeugt.

Der Ton seiner Worte hängt ganz von der Situation ab, mit der er konfrontiert wird. Auf das Phänomen der Gruppenbildung in Korinth (1Kor 1,10–3,23) antwortet er nicht mit einem Verbot oder mit Ablehnung, sondern mit der Ermahnung, die Bedeutung der Gestalten, die als »Vorbild« der Gruppen gelten, zu relativieren, um sich an Christus zu orientieren: »Denn alles gehört euch; Paulus, Apollos, Kephas, Welt, Leben, Tod, Gegenwart und Zukunft: alles gehört euch; ihr aber gehört Christus, und Christus gehört Gott« (3,21–23).

Als er vom Treiben einiger judaisierenden Judenchristen in den Gemeinden von Galatien hört, die die Heidenchristen zur Übernahme des jüdischen Gesetzes bewegen wollen, lassen seine Worte an Entschiedenheit und Schärfe nichts zu wünschen übrig: »Was ich euch gesagt habe, das sage ich noch einmal: Wer euch ein anderes Evangelium verkündigt, als ihr angenommen habt, der sei verflucht!« (Gal 1,9); »Ihr unvernünftigen Galater, wer hat euch verblendet?« (3,1).

Überhaupt geht Paulus mit seinen Gegnern hart ins Gericht.[30] Die in Philippi »leben als Feinde des Kreuzes Christi. Ihr Ende ist das Verderben, ihr Gott der Bauch; ihr Ruhm besteht in ihrer Schande; Irdisches haben sie im Sinn« (Phil 3,18f). Die Judenchristen in Jerusalem, die bei dem Zusammentreffen des Paulus mit den Angesehenen der Gemeinde – Jakobus, Kephas und Johannes – wohl nähere Informationen über die Verhandlung zu erhalten suchten, werden als »falsche Brüder« und »Eindringlinge« bezeichnet (Gal 2,4).

Paulus offenbart jene Sensibilität und Verletzlichkeit, die geradezu kennzeichnend für intensive Beziehungen sind, bei denen es keine Neutralität oder kühle Distanz geben kann. Wenn die Korinther viele Erzieher in Christus gehabt haben, so doch nicht viele Väter. Er ist in Christus durch das Evangelium ihr

---

[30] Da die Forschung auf die Aussage des Paulus als einzige Quelle für die Bestimmung der Gegner angewiesen ist, bleibt deren Charakterisierung umstritten. Warum betrauern die Thessalonicher ihre Toten wie die anderen, die keine Hoffnung haben (1Thess 4,13)? Warum sagen einige der Korinther, dass es keine Auferstehung der Toten gibt (1Kor 15,12)? Was ist die Ursache des Konflikts in 2Kor 10–13? Sind die Gegner in Galatien und Philippi judaisierende Judenchristen oder soll man mit einem komplexeren Hintergrund rechnen?

Vater geworden (1Kor 4,15). Die Galater, die am Anfang des Briefes so heftig angegangen wurden, bleiben doch seine Kinder, für die er erneut Geburtswehen erleidet, bis Christus in ihnen Gestalt annimmt (Gal 4,19). Den Korinthern ist er der »Vater«, den Galatern die sie von neuem gebärende »Mutter«. Vater und Mutter sind Metaphern für die Verantwortung und Sorge für das Leben. Paulus trägt diese Verantwortung für das Leben der Gemeinden: »Wie eine Mutter ihre Kinder hegt …, so wollten wir euch nicht nur am Evangelium Gottes teilhaben lassen, sondern auch an unserem eigenen Leben, denn ihr wart uns lieb geworden« (1Thess 2,7).

Was sich auf die Gemeinde bezieht, betrifft auch den Einzelnen. Den Onesimus betrachtet Paulus als sein Kind, dem er im Gefängnis zum Vater geworden ist (Phlm 10). Die Aussage passt in den Zusammenhang des Schreibens. Der an Philemon adressierte kurze Brief ist nämlich ein Musterbeispiel für die Kunst der Überredung, wobei Paulus alle Register zieht, was sich nur aufgrund einer engen persönlichen Bindung erklären lässt. Philemon soll seinen Sklaven Onesimus wieder aufnehmen, aber nicht mehr als Sklaven, sondern als einen geliebten Bruder, ja, als wäre dieser Paulus selbst (16f). Der Apostel ist bereit zu begleichen, was Onesimus dem Philemon schuldet, aber dieser soll auch bedenken, wie viel er Paulus selbst schuldet (18f). Selbstverständlich geht es um weit mehr als um kluge Überredungskunst; sie dient Paulus nur als Mittel, um sich durchzusetzen. Die Beziehung des christlichen Sklaven zu seinem christlichen Herrn ist nicht die der paganen Umwelt. Die eine Taufe hat die beiden vor Gott gleich gestellt: In Christus gibt es weder Sklaven noch Freie (Gal 3,28). Diese theologische Wahrheit wird hier in die Tat umgesetzt.

Soweit wir dies aus den Briefen herauslesen können, war die Beziehung des Paulus zu seinen Gemeinden häufig konfliktgeladen. Mit Ausnahmen des Briefs an die Thessalonicher, der kurzen persönlichen Notiz an Philemon und des Briefs an die Gemeinde in Rom, die er nicht kennt, bezeugen alle anderen Briefe Spannungen (2Kor 2,1–4; Gal 4,16; Phil 3,2), tiefgreifende Meinungsverschiedenheiten (Gal 1,6–9; 6,12f) oder offene Kampfansagen (1Kor 4,21; 2Kor 10,10f; Gal 5,12; Phil 3,18f). Eine Erklärung für diese Eigenart liegt sicherlich in dem vom Apostel selbst eingeschärften Primat des Geistes, der sich im prophetischen Reden von Männern und Frauen (1Kor 11,4f), im Zungenreden (14,1–19) und allgemein in der charismatischen Stimmung in den Gemeinden äußert (1Thess 5,19f; 1Kor 1,7; 12,1; Gal 3,3–5). Es überrascht dann nicht mehr, wenn in dieser von der »Unruhe« des Geistes geprägten Atmosphäre einige sogar behaupten, Paulus an apostolischer Begabung zu übertreffen, woraufhin er sie ironisch als »Überapostel« bezeichnet (2Kor 11,5; 12,11). Trotz all dieser Spannungen unternimmt Paulus keinerlei Versuch, durch eine andere Gemeindestruktur die Konflikte im Keim zu ersticken. Er vertritt vielmehr das Prinzip: »Löscht den Geist nicht aus!« (1Thess 5,19).

3.3.3. Paulus und die Jerusalemer Gemeinde

Das Verhältnis zur Jerusalemer Gemeinde ist zunächst durch eine merkwürdige Distanz gekennzeichnet. Nach seiner Berufung vergehen drei Jahre, bis Paulus nach Jerusalem reist, um »Kephas zu besuchen« (Gal 1,18). Im Unterschied zu Lukas, der Paulus nicht erst nach drei Jahren, sondern kurz nach seiner Bekehrung nach Jerusalem reisen lässt (Apg 9,26–30), und ihn noch einmal vor dem Apostelkonvent in der heiligen Stadt vorstellt, um die Gaben der antiochenischen Gemeinde zur Unterstützung der Jerusalemer zu bringen (Apg 11,30), schreibt Paulus, dass er erst 14 Jahre nach seinem ersten Besuch (Gal 1,18) gemeinsam mit Barnabas und Titus nach Jerusalem gereist sei (Gal 2,1). Das erste Mal bleibt er dort 15 Tage; das zweite Mal dürfte der Aufenthalt nicht wesentlicher länger gedauert haben.

Diese distanzierte Haltung setzt sich fort, als er mit der Mission unter den Heiden beginnt. Eine Ursache für dieses ungewöhnliche Verhalten haben wir oben gefunden: die Gewissheit seiner Auserwählung und Berufung legitimieren ihn vollends für seine Sendung als Apostel Jesu Christi. Auch seine Vergangenheit als Verfolger der Gemeinde mag seine Distanz gegenüber Jerusalem erklären. Wenn er dort einst mit anderen hellenistischen Juden die Christen verfolgt hatte, galt er als eifriger christlicher Missionar nun in den Augen dieser Gruppe als Verräter und Abtrünniger, der die Strafe verdiente. Auf diesem Hintergrund war es nur vernünftig, die Stadt wenigstens eine Zeitlang zu meiden.

Distanz ist aber nicht gleichbedeutend mit Trennung. Zwei Stellen zeigen die Verbundenheit des Paulus mit der Jerusalemer Gemeinde, die allerdings seine Selbständigkeit nicht in Abrede stellt.

- Gal 2,1–10 schweigt sich über den unmittelbaren Anlass der Reise des Paulus mit Barnabas und Titus nach Jerusalem zum Treffen mit den Angesehenen der Gemeinde aus. Stattdessen spricht Paulus zunächst von einer »Offenbarung«, die ihn dazu bewegte (Gal 2,2). Deutlicher äußert er sich über den Zweck der Reise. Er wolle den Angesehenen das Evangelium, das er unter den Heiden verkündigt, darlegen: »ob ich nicht vergeblich laufe oder gelaufen bin«. Diese Ausdrucksweise ist deswegen überraschend, weil sein Evangelium, das er durch eine Offenbarung Jesu Christi empfangen hat (Gal 1,12), eigentlich nicht zur Disposition stehen bzw. zum Gegenstand von Verhandlungen werden kann. Aber er, der durch eine besondere Sendung von Gott zum Völkermissionar bestellt wurde, betrachtet seine Aufgabe immer innerhalb eines ekklesiologischen Raums, den er nicht verlassen will. Wäre es zu einem Bruch mit den Angesehenen in Jerusalem gekommen, hätte das den Sinn und Wert seiner Bemühungen erheblich beeinträchtigt. Er wäre umsonst gelaufen, seine Arbeit wäre vergebliche Mühe gewesen. Sicherlich war Paulus kein Freund von billigen Kompromissen, aber die Communio mit Jerusalem wollte er nicht aufs Spiel setzen. Im konkreten Fall jedenfalls wurde sein Anliegen, die Heiden in die christliche Gemeinde ohne die Verpflichtung zur Beschneidung aufzunehmen, von den Angesehenen in Jerusalem akzeptiert: »Von den Angesehenen wurde mir nichts auferlegt« (2,6).
- In Jerusalem nimmt Paulus nur eine Pflicht entgegen: Den Armen in Jerusalem zu helfen (Gal 2,10). Hier liegt der Auftakt für ein Bemühen, das ihn in der gesamten Zeit seiner

missionarischen Tätigkeit beschäftigt: die Kollekte unter den Gemeinden in der Diaspora für die Bedürftigen in Jerusalem. Mehrmals erteilt Paulus Anordnungen für die Durchführung der Sammlung in den Gemeinden (vgl. 1Kor 16,1–4; 2Kor 8,1–24; 9,1–15). Sein Interesse, dass die Heidenchristen sich großzügig an dieser konkreten Hilfe beteiligen, ist verständlich, denn kein anderes Zeichen vermag die Solidarität der Gemeinden in der Diaspora mit Jerusalem besser auszudrücken als eine Kollekte. Diese Christen leben zwar nicht nach dem jüdischen Gesetz, aber sie sind keine Fremden. Der gemeinsame Glaube ist das Bindeglied zwischen ihnen und den Judenchristen in Jerusalem, der nun durch die finanzielle Hilfeleistung sichtbar Gestalt annimmt. In diesem Punkt scheint es Paulus nicht gelungen zu sein, alle Bedenken der Judenchristen in Jerusalem gegen seine Person als Apostel der Heidenchristen – sie richteten sich notwendigerweise auch gegen die Heidenchristen selbst – auszuräumen. Schon vor seiner Reise nach Jerusalem fürchtet er, dass nicht einmal die Kollekte helfen wird, ein positives Verhältnis herbeizuführen (Röm 15,30–32). Das Problem lag aber nicht bei ihm. Seine Missionstätigkeit war vom Apostelkonvent erlaubt worden. Offenbar haben die Jerusalemer das Ganze anders gesehen. Wie es sich schon im »antiochenischen Zwischenfall« zeigt, waren viele von ihnen nicht bereit, einen anderen, nicht vom jüdischen Gesetz bestimmten Lebensstil zu tolerieren. Hierin dürfte der eigentliche Grund für ihre Reserven gegenüber Paulus und den Heidenchristen liegen.

II. Die Briefe des Paulus

1. Allgemeines

Die Briefe des Paulus sind Gelegenheitsschreiben, die durch ein unmittelbares Anliegen bedingt, eine bestimmte Entstehungssituation voraussetzen. Im Zusammenhang mit seiner Missionstätigkeit bezeugen die Briefe die Sorge um die Gemeinden, die sich in einer schriftlichen Form niederschlagen muss, weil der Apostel an anderen Orten seinen Pflichten nachgeht. Sie sind Ersatz für seine konkrete Gegenwart in Gestalt der Schriftlichkeit.

Briefe sind eine Form der Kommunikation, aber sie setzen, wie auch immer, Kommunikation voraus. Über das besondere Verhältnis zwischen Paulus und seinen Gemeinden wurde oben gehandelt.[1] Dies erklärt den unverkennbaren Charakter der Briefe und ihre ungewöhnliche Lebendigkeit.

1.1. Das paulinische Briefschema

Äußerlich unterscheiden sich die Briefe des Paulus nicht von anderen Briefen der Antike. Die von allen übernommene Grundstruktur sieht wie folgt aus:[2]

- Eingang (praescriptum) mit dem Namen des Absenders (superscriptio), des Adressaten (adscriptio) und Gruß (salutatio)
- überleitende Vorrede (prooemium)
- Thema des Briefes (corpus)
- Schlussteil: Grußbestellungen, Empfehlungen, Schlussgruß

Innerhalb dieses Schemas bewegt sich Paulus mit großer Freiheit. Es genügt, den Eingang in 1 Kor 1,1–3 mit dem in Gal

---

[1] S. o. 34–37, I. 3.3.2.
[2] Die folgenden Beobachtungen gelten auch für die Briefe des Paulinismus. S. u. 111–139, IV. 1.

1,1–4 oder in Röm 1,1–7 zu vergleichen, um seine Neigung festzustellen, einen formalen Rahmen mit theologisch überaus dichten Wendungen zu bereichern, in denen schon Grundthemen des jeweiligen Schreibens anklingen. Die folgende Übersicht kann das beispielhaft verdeutlichen (Gemeinsamkeiten in den drei Komponenten des Briefeingangs sind kursiv gesetzt):

1 Kor 1,1–3	Gal 1,1–4	Röm 1,1–7
Paulus, durch Gottes Willen berufener Apostel Christi Jesu, und der Bruder Sosthenes *an die Gemeinde* Gottes, die in Korinth ist, – an die Geheiligten in Christus Jesus, berufen als Heilige mit allen, die den Namen Jesu Christi, unseres Herrn, überall anrufen, bei ihnen und bei uns.	*Paulus, zum Apostel berufen,* nicht von Menschen oder durch einen Menschen, sondern durch Jesus Christus und durch Gott, den Vater, der ihn von den Toten auferweckt hat, und alle Brüder, die bei mir sind, *an die Gemeinden* in Galatien:	*Paulus,* Knecht Christi Jesu, *berufen zum Apostel,* auserwählt, das Evangelium Gottes zu verkündigen, das er durch seine Propheten im voraus verheißen hat in den heiligen Schriften: das Evangelium von seinem Sohn, der dem Fleisch nach geboren ist als Nachkomme Davids, der dem Geist der Heiligkeit nach eingesetzt ist als Sohn Gottes in Macht seit der Auferstehung von den Toten, das Evangelium von Jesus Christus, unserem Herrn. Durch ihn haben wir Gnade und Apostelamt empfangen, um in seinem Namen alle Heiden zum Gehorsam des Glaubens zu führen; zu ihnen gehört auch ihr, die ihr von Jesus Christus berufen seid. *An alle in Rom, die von Gott geliebt sind, die berufenen Heiligen: Gnade sei mit euch und Friede von Gott, unserem Vater, und dem Herrn Jesus Christus.*
Gnade sei mit euch und Friede von Gott, unserem Vater, und dem Herrn Jesus Christus.	*Gnade sei mit euch und Friede von Gott, unserem Vater, und dem Herrn Jesus Christus,* der sich für unsere Sünden hingegeben hat, um uns aus der gegenwärtigen bösen Welt zu befreien, nach dem Willen unseres Gottes und Vaters. Ihm sei Ehre in alle Ewigkeit. Amen.	

Aber auch dort, wo das Grundschema kaum verändert wird, verzichtet Paulus nicht auf eine theologische Aussage, die das Schema aufsprengt. Nehmen wir als Beispiel 1 Thess 1,1: »Paulus und Silvanus und Timotheus an die Gemeinde der Thessalonicher in Gott, dem Vater, und im Herrn Jesus Christus. Gnade und Friede sei mit euch.« Selbstverständlich hat die Gemeinde der Thessalonicher ihren Sitz in Thessalonich, aber Paulus vermeidet den Namen des geographischen Ortes, um den theologischen Ort der Gemeinde anzugeben, der ihr Bestand verleiht: Gott, der Vater und der Herr Jesus Christus. Für eine Gemeinde mehrheitlich aus Heidenchristen, die sich in einer hellenistischen Stadt wie Thessalonich behaupten musste, war dies ein wichtiges Signal, um ihr »Fremdsein« in der Gesellschaft dank der Gewissheit ihres wahren Standorts auszuhalten. Die Theologie des Paulus öffnete ihnen den Weg zur Findung ihrer christlichen Identität.

Die von Paulus verwendete Grußformel entspricht dem jüdischen Gruß, der das »Erbarmen und den Frieden (schalom)« Gottes wünscht. Bei Paulus heißt es: »Gnade und Friede«, die in Gott und in Jesus Christus ihre Quelle haben. Die hellenistische Formel: »Sei gegrüßt!« bzw. »seid gegrüßt«, kommt bei ihm nie vor.[3]

Die Vorrede (Proömium) ist jener Teil, der vom Eingang zum Thema des Briefes überleitet. In persönlichen Briefen empfindet man eine gewisse Scheu, direkt zur Sache zu kommen. Oft finden Floskeln Verwendung, um diese letzte Distanz zu überbrücken: »Ich hoffe, dass es dir gut geht ...« Der Zweck des Proömiums ist die Herstellung der Kommunikationsebene mit den Adressaten. Bei Paulus besteht das Proömium in der Regel aus einer Danksagung für Glauben und Bestand der Gemeinde, aber es gibt auch hier – wie im Folgenden gezeigt wird – beachtliche Variationen.

---

[3] Die Formel erscheint seltsamerweise als Gruß im sogenannten Aposteldekret (Apg 15,23) und in Jak 1,1.

1.2. Echte und unechte Briefe: »Corpus Paulinum«

Nicht alle 13 Briefe, die im Neuen Testament Paulus zugeschrieben werden, sind von ihm geschrieben worden. Man unterscheidet zwischen den »echten« und den »unechten« Briefen:[4]
- »echte« Briefe: 1Thess – 1Kor – 2Kor – Phil – Gal – Phlm – Röm
- »unechte« Briefe: Kol – 2Thess – Eph – 1Tim – 2Tim –Tit

Der Begriff »unecht« im Zusammenhang mit einem literarischen Werk hat einen unüberhörbaren moralischen Nebenklang im Sinn von literarischer Fälschung. Modernes Empfinden geht immer vom Begriff des »literarischen Eigentums« aus, wonach ein Werk nur mit dem Namen des Verfassers bzw. mit einem von ihm gewählten Pseudonym veröffentlicht werden darf. Das von einem Autor geschaffene literarische Produkt ist sein Eigentum. Das Urheberrecht schützt ihn und sein Werk vor einer unzulässigen »Enteignung« durch eine falsche Verfasserangabe. Die Verwendung des Namens eines anderen Autors, zu welchem Zweck auch immer, kommt nach diesem Verständnis einer Täuschung des Lesers gleich, der den Text lesen wird, als sei er vom angegebenen Verfasser geschrieben worden.

Im Hinblick auf die »unechten« Paulusbriefe muss man berücksichtigen, dass der Begriff des »literarischen Eigentums« in der Antike und bis ins Mittelalter unbekannt war. Der Name eines anderen Verfassers kann aus unterschiedlichen Gründen problemlos übernommen werden: Weil der tatsächliche Autor der Ansicht ist, im Sinn des angegeben Verfassers zu schreiben; weil jemand durch die eigene Schrift einem anderen seine Reverenz erweisen will; weil ein Autor sich durch Annahme des falschen Verfassernamens legitimieren will; weil er sich als Schüler des anderen versteht usw. Aus diesen und anderen Gründen wurden Werke Homer, Plato, Aristoteles und vielen anderen bedenkenlos zugeschrieben. Im Alten und im Neuen Testament verhält es sich nicht anders.

---

[4] Die Liste dürfte einen breiten Konsens in der historisch-kritischen Exegese widerspiegeln, der von konfessionellen Unterschieden der Forscher unbeeinflusst bleibt.

Für die Paulusbriefe ist mit einer »Paulusschule«[5] zu rechnen, die das Erbe des Apostels in einer veränderten kirchlichen Situation bewahren wollte. Paulus ist eine Persönlichkeit mit einem einmaligen Profil, aber er ist kein Einzelgänger, der allein seinem Weg geht. In seinen Briefen nennt er einige seiner Mitarbeiter wie Titus und Timotheus mit Namen. Ungenannt bleiben viele andere, die ihm die verschiedensten Dienste leisten: die Schreiber der Briefe, die Paulus diktiert; die Überbringer der Schreiben an die Adressaten-Gemeinden; jene, die in den Gemeinden mit ihm in Kontakt stehen und ihn über die Angelegenheiten vor Ort informieren usw. Die lange Grußliste in Röm 16 lässt ahnen, dass die Zahl der Mitarbeiter und Mitarbeiterinnen weit größer war, als es allgemein angenommen wird.

In diesem Kreis von Mitarbeitern sind die Autoren zu suchen, die in der Folgezeit den Namen des Paulus in Anspruch nahmen, um in seinem Sinn – dies freilich war ihre Überzeugung – die gleiche Sorge für die Gemeinde weiter walten zu lassen, wie es zu Lebzeiten des Apostels der Fall war.

Dass Paulus alle 13 Briefe geschrieben hat, wurde solange nicht in Frage gestellt, bis die historisch-kritische Exegese zu Beginn des 19. Jahrhunderts Zweifel anmeldete. Die Kriterien, die zur Unterscheidung von echten und unechten Briefen führen, sind:
- formal: Vokabular, Stil, Wendungen, Gebrauch der Präpositionen;
- inhaltlich: Themen, theologische Schwerpunkte, vorausgesetzter historischer Hintergrund.

Einzelne Beobachtungen vermögen gewiss keine überzeugende Entscheidung herbeizuführen. Man hat mit der Hypothese eines schreibenden Sekretärs dagegen argumentiert, der einen anderen Stil als Paulus pflegte, oder mit einer Entwicklung im paulinischen Denken, aus der eine neue Thematik hervorgegan-

---

[5] Der Ausdruck ist nicht im strengen Sinn zu fassen wie in den Philosophenschulen der Antike, die sich um den Meister scharten. Hier sind die Mitarbeiter und Anhänger des Paulus gemeint, die sich in den verschiedenen Gemeinden verantwortlich für die Bewahrung und Weitergabe des paulinischen Erbes fühlten.

gen sein könnte. Diese Einwände sind immer zu berücksichtigen, um zu einer Entscheidung zu kommen, die immer eine Summe vieler Einzelbeobachtungen ist.

Von den 13 überlieferten Briefen gibt es einige, bei denen mit der Möglichkeit zu rechnen ist, dass die jetzige Gestalt des Schreibens das Ergebnis einer Bearbeitung durch einen späteren Redaktor ist; dieser habe mehrere Briefe des Paulus zu einem Brief verschmolzen. Für keinen der drei Texte, in denen die Forschung mit dieser Möglichkeit rechnet – 1Kor, 2Kor, Phil (um die wichtigsten zu nennen) –, ist man zu einem Konsens gelangt. Die hier vertretene Meinung kann daher nur eine Forschungsmeinung repräsentieren.

Eine Verschmelzungshypothese vermag durchaus thematische Brüche und sprunghafte Themenwechsel im Brieftext zu erklären, wirft aber ebenso Fragen auf. Verfügte der Redaktor nur über Fragmente aus den Briefen oder war er im Besitz von vollständigen Briefen? Ist das Letztere der Fall, hat er den Eingang und den Schluss beseitigt, um nur einen ihm wichtigen Teil durch die Einfügung in ein neues Ganzes zu überliefern? Seine Entscheidung wäre dann nur schwer zu erklären. Hat er am Ende nicht bemerkt, dass seine redaktionelle Tätigkeit in der von ihm geschaffenen Einheit an den Unebenheiten, die sich ergeben, leicht durchschaubar war?

Da die handschriftliche Überlieferung nur diese 13 Briefe bezeugt, muss man davon ausgehen, dass die Briefteile schon bei der Sammlung und Schichtung der Paulusbriefe in der ersten Hälfte des 2. Jahrhunderts zusammengefügt wurden. Als das *Corpus Paulinum* entstand, war der Prozess bereits abgeschlossen.

Wir müssen einräumen, dass die näheren Umstände, unter denen Paulus die Briefe schrieb, sich unseren Kenntnissen entziehen. Konnte er sie in einem Zug durchschreiben oder musste er das Schreiben unterbrechen, weil er krank wurde, den Ort wechseln musste, kein Schreibmaterial zur Verfügung stand? Diese und viele andere unvorhersehbare Gegebenheiten konnten auftreten und das Diktieren eines Briefs für kurze oder lange Zeit unterbrechen. Ob dadurch die ursprüngliche Einheitlichkeit eines Schreibens plausibler wird, ist eine Ermessensfrage, deren Antwort so hypothetisch bleibt wie die Annahme einer Teilung in ursprünglich mehrere Briefe.

Im Folgenden werden die Briefe in ihrer vermuteten chronologischen Abfolge präsentiert. Nur einige Eckdaten dürfen als gesichert gelten. Bei den echten Briefen steht am Anfang 1 Thess, am Schluss Röm. In welcher Reihenfolge die dazwischen liegenden Briefe abgefasst wurden, lässt sich zeitlich nicht genau einordnen, zumal bei 2 Kor und Phil die Frage nach der Einheitlichkeit vorab zu klären wäre. Bei den unechten Briefen gehört Kol an den Anfang, am Schluss stehen die »Pastoralbriefe«: 1 Tim, 2 Tim, Tit.

2. Übersicht über die Briefe

2.1. Der erste Brief an die Thessalonicher

2.1.1. Inhalt und Struktur

Eingang 1,1
Vorrede 1,2–3,13
– Danksagung für den Zustand der Gemeinde 1,2–10
– Rückschau auf die Tätigkeit des Apostels 2,1–12
– Neue Danksagung für den Glauben und Standhaftigkeit der Gemeinde 2,13–16
– Reisepläne, Entsendung und Rückkehr des Timotheus 2,17–3,10
– Gebet für die Gemeinde 3,11–13
Hauptteil: Ermahnungen und Belehrungen 4,1–5,22
– Ermahnung zur Heiligung 4,1–12
– Belehrung über die Verstorbenen 4,13–18
– Ermahnung zur Bereitschaft für den Tag des Herrn 5,1–11
– Mahnungen für das Gemeindeleben 5,12–22
Briefschluss 5,23–28

2.1.2. Anlass und Zeit

Über die Mission in Thessalonich informiert Apg 17,1–9: Paulus verkündet seine Botschaft in der Synagoge der Stadt, und zwar an drei Sabbaten (Apg 17,2). Wenngleich einige sich überzeugen lassen (17,4), reagieren die Juden überwiegend ablehnend, bringen die Stadt in Aufruhr und versuchen, Paulus durch Polizeigewalt festnehmen zu lassen (17,5 – 9). Um der Gefahr zu entrinnen, wird der Apostel nach Beröa gesandt (17,10 – 15), sodass der Aufenthalt in Thessalonich wahrscheinlich nicht länger währt als einen Monat. Seine Bemühungen sind jedoch nicht vergebens. Lukas erwähnt »eine große Schar von gottesfürchtigen Griechen, darunter nicht wenige Frauen aus vornehmen Kreisen« (17,4), die den Glauben annehmen. Abgesehen vom historischen Wert einzelner Angaben lassen sich einige Details durch den Brief an die Gemeinde verifizieren: (1) Paulus habe »trotz harter Kämpfe freimütig und fruchtlos« das Evangelium in Thessalonich verkündet (1 Thess 2,2); (2) die Christen in der Stadt hätten von ihren Mitbürgern dasselbe erlitten wie die Judenchristen in Judäa von den Juden (1 Thess 2,14), die nämlich ein Hindernis für die Verkündigung des Evangeliums unter den Heiden sind (2,16); (3) die Mehrzahl der Gemeinde sind Heidenchristen. 1 Thess 1,9f überliefert sodann eine knappe Zusammenfassung seiner Verkündigung an die Heiden.

Der Anlass des Briefes ist die Rückkehr des Timotheus aus Thessalonich mit guten Nachrichten über den Bestand der Gemeinde (3,6). Nach den fehlgeschlagenen Versuchen, die Gemeinde zu besuchen (2,18), und der wachsenden Ungewissheit über die Verhältnisse in Thessalonich (3,12), versteht sich, dass Paulus mit Freude und Erleichterung reagiert, die er im Brief ausdrückt. Die ungewöhnlich lange Vorrede (1,2–3,13) hat als Ursache seine innige Verbundenheit mit der Gemeinde und die Entstehungssituation des Schreibens. Eine persönliche Beziehung wird hier vor allem hergestellt durch die Erinnerung an die Zeit der Mission und an die Treue der Gemeinde aller Anfechtungen zum Trotz: »Ihr habt das Wort trotz großer Bedrängnis mit der Freude aufgenommen, die der Heilige Geist gibt« (1,6).

Paulus schickt Timotheus von Athen aus nach Thessalonich (3,1). Das Wiedersehen mit seinem Mitarbeiter fand aber nicht in Athen statt, sondern in Korinth, wo Paulus nach dem kurzen Aufenthalt in Athen weilte.

Nach der hier skizzierten Chronologie – auch im Hinblick auf das Itinerar – lässt sich die Abfassungszeit des 1Thess zwischen 50 und 51 datieren, und zwar während des langen Aufenthalts in Korinth.

2.1.3. Schwerpunkte und Probleme

- Das Schreiben enthält traditionelle Elemente betreffend die Mission unter den Heiden (1,9f; vgl. Apg 14,15) und antijüdische Polemik (2,15f; vgl. Apg 2,23; Mt 23,34).
- Die Ermahnungen in 4,1–12 scheinen nicht durch aktuelle Probleme in der Gemeinde motiviert zu sein. Es handelt sich wohl eher um Grundinhalte christlicher Paränese, die in diesem Fall auf die Berufung der Gläubigen zur Heiligung als Erfüllung des Willens Gottes bezogen sind. Die listenartigen Mahnungen in 5,12–22 gehören insofern nur teilweise zu dieser Kategorie, als hier unverkennbar paulinische Elemente erscheinen, die sich von der gängigen christlichen Paränese abheben.

Dazu zählen besonders die vier letzten Mahnungen in diesem Abschnitt (V 19–22); die ersten beiden davon (V 19f) nehmen die Erfahrung des Geisteswirkens in der Gemeinde in den Blick. Die Gläubigen sollen den Geist nicht auslöschen und prophetisches Reden nicht verachten (V 19f) – das setzt ein Klima christlichen Enthusiasmus' voraus, von dem die paulinischen Gemeinden geprägt sind. Der Vorrang des Geistes begründet auch die offene Haltung der Christen in der Welt: »Prüft alles, und behaltet das Gute! Meidet das Böse in jeder Gestalt!« (V 21f).

- Der Ton ändert sich in 4,13–18, wo Paulus sicherlich auf eine Frage der Thessalonicher antwortet, die ihm von Timotheus übermittelt wurde. Der Grund für die Unruhe der Gläubigen wird von der Forschung unterschiedlich beurteilt: Hat Paulus bei seiner Verkündigung die Auferstehung der Toten nicht erwähnt? Haben die Thessalonicher die Botschaft von der Auferstehung – für griechisches Denken kaum annehmbar – nicht verstanden oder gar abgelehnt? Beide Erklärungen überzeugen deswegen nicht, weil sie mit Möglichkeiten rechnen, die nicht nachvollziehbar sind.

Wurde die Auferweckung Jesu verkündet (1,10), war damit die Hoffnung auf die Auferweckung der Gläubigen untrennbar verbunden. Wie auch immer, die Thessalonicher nahmen das christliche Kerygma gläubig an. Bei der Frage in 4,13–18 geht es vielmehr um die Frage, was mit den in Christus Verstorbenen bei der Wiederkunft des Herrn geschieht. Werden sie nicht gegenüber jenen im Nachteil sein, die das große Ereignis der Endzeit miterleben werden? Paulus rechnet sich zu dieser Gruppe (V 15.17: Wir, die Lebenden, die für die Ankunft des Herrn übrig bleiben). Mit Hilfe eines apokryphen Herrenwortes (V 15) beteuert er, dass diese »Übriggebliebenen« den Entschlafenen nichts voraus haben werden. Wenn die apokalyptische Szenerie vollendet ist (V 16) und der Herr vom Himmel herabkommt, dann werden die Lebenden zusammen mit den Auferstandenen dem Herrn entgegen in die Luft entrückt werden (V 17). Es gibt also keine Benachteiligung jener, die vor der Parusie des Herrn gestorben sind.

Die Sorge der Thessalonicher, die uns heute recht fremd anmutet, ist von einer stark apokalyptisch geprägten Verkündigung her motiviert, die von den Gläubigen in vollem Ernst angenommen wurde.[6] Die Verse zeigen, dass die Erwartung des bevorstehenden Endes die Haltung des Paulus geprägt hat.

- Der folgende Abschnitt 5,1–11 bringt eine starke Relativierung der zuvor so deutlich akzentuierten apokalyptischen Stimmung. Nicht die von Paulus selbst vertretene Gewissheit des baldigen Endes wird betont – »wir die Lebenden, die Übriggebliebenen« –, sondern die Ungewissheit bezüglich der Zeit der Ankunft des Herrn. Er kommt unerwartet »wie ein Dieb in der Nacht« (V 2). Die Gegenwart ist für die Kinder des Lichts die Zeit der Wachsamkeit unter der Maßgabe, zum Heil geführt zu werden (5,9).

---

[6] Auch die jüdische Apokalyptik beschäftigt diese Frage; vgl. 4Esra 13,14–24, wo es am Ende heißt: »So wisse also, dass die Überlebenden bei weitem seliger sind als die Gestorbenen.«

Ein »Stimmungswechsel« zwischen 4,13–18 und 5,1–11 lässt sich nicht abstreiten. Hat Paulus seine Meinung selbst relativiert, oder geht der Abschnitt 5,1–11 auf eine spätere Hand zurück, die die starke apokalyptische Prägung in 4,13–18 abmildern wollte?[7] Die Frage ist berechtigt. Bei der Neigung des Paulus, den gleichen Sachverhalt aus mehreren Perspektiven zu betrachten, braucht man nicht unbedingt die Hypothese einer späteren Korrektur zu bemühen, um den Passus zu erklären.

2.2. Der Brief an die Philipper

2.2.1. Inhalt und Struktur

Eingang 1,1–2
Vorrede 1,3–11
1. Teil: Der Apostel und die Gemeinde 1,12–2,30
– Paulus und die Verkündigung des Evangeliums 1,12–26
– Mahnung zur Eintracht 1,27–2,5
– Christushymnus 2,6–11
– Mahnung zur Bemühung um das Heil 2,12–18
– Empfehlung des Timotheus und Epaphroditus 2,19–3,1
2. Teil: Polemik gegen »Irrlehrer« 3,2–4,1
3. Teil: Mahnungen an Einzelne und an die Gemeinde 4,2–9
4. Teil: Dank für die Gaben der Philipper 2,10–20
Briefschluss: 4,21–23

2.2.2. Anlass und Zeit

Nach der Darstellung der Apg geht die Mission des Paulus in Mazedonien auf eine Vision zurück, in der ein Mazedonier ihn bat: »Komm herüber nach Mazedonien und hilf uns« (Apg 16,9). Die Erzählung will den Auftakt für eine neue Etappe in der Geschichte der christlichen Mission legitimieren, aber der reale Grund, weswegen Paulus die Provinz Asien verlässt und

---

[7] Das ist die Meinung von G. *Friedrich*, 1. Thessalonicher 5,1–11 der apologetische Einschub eines Späteren, in: ZThK 70 (1973) 288–315; R. *Pesch*, Die Entdeckung des ältesten Paulus-Briefes: die Briefe an die Gemeinde der Thessalonicher, Freiburg 1986.

sich in ein ihm unbekanntes Gebiet wagt, liegt im Dunkeln. Gesichert und durch die Taten erwiesen ist jedenfalls das Ausgreifen der paulinischen Mission auf den Westen. Der Gründung der Gemeinde in Philippi wird die in Thessalonich folgen. – Die ausführliche Schilderung über das, was Paulus und Silas (Silvanus) in Philippi erleben (Apg 16,11–40), erwähnt auch, dass die Missionare ausgepeitscht und ins Gefängnis geworfen worden sind, woraus sie durch ein Wunder befreit wurden. Den Wahrheitsgehalt der Erzählung bestätigt Paulus selbst in 1Thess 2,2, wo er von Leiden und Misshandlungen in Philippi berichtet.

Mit Hilfe von im Brief verstreuten Angaben lässt sich folgende Entstehungssituation rekonstruieren: Paulus befindet sich im Gefängnis (Phil 1,12–14). Zuvor hat er die Geldspende der Philipper durch Epaphroditus empfangen (4,18). Dieser erkrankte anschließend schwer, zum Zeitpunkt der Abfassung des Briefes jedoch ist er wieder gesund und bereit, nach Philippi zurückzukehren (2,25–27). Das Schreiben soll ihm als Empfehlung dienen (2,28–30) ebenso wie für Timotheus, der ebenfalls von Paulus nach Philippi geschickt wird (2,19–24).

Ein weiterer Zweck des Briefes ist die Benachrichtigung über die prekäre Lage des Apostels (1,12–18); dabei geht es auch um die Stärkung der Gemeinde, mit der sich Paulus eng verbunden fühlt (1,27–30; 2,12–18; 4,10–20).

Entstehungszeit und -ort des Briefes lassen sich nicht eindeutig bestimmen. Die Apostelgeschichte berichtet von zwei Gefangenschaften des Paulus: in Jerusalem bzw. Cäsarea (22,24–26,32) und in Rom (28,30f). Den geographischen Angaben würde die Zeit 57–58 bzw. 59–60 entsprechen. Der Brief setzt aber keine große Entfernung zwischen Absender und Adressaten voraus, so, als würde sich Paulus von Jerusalem bzw. Cäsarea oder gar Rom aus an die Philipper wenden; diese haben nämlich von der Erkrankung des Epaphroditus gehört (2,26).

Paulus bemerkt in 2Kor 11,23, er sei häufiger im Gefängnis gewesen, und dies bevor er in Cäsarea und Rom gefangen gehalten wurde; als Abfassungsort kommen also nicht nur diese beiden Städte in Frage. In der Forschung wird daher oft Ephesus vorgeschlagen. In 2Kor 1,8–10 berichtet Paulus von der

Rettung aus Todesurteil und Todesnot. 1Kor 15,32 erwähnt den Kampf des Apostels mit wilden Tieren in Ephesus. Die Angaben beziehen sich wahrscheinlich auf die Unruhen in Ephesus beim Aufruhr der Silberschmiede (Apg 19,21–40). Hierbei konnte Paulus in Gefangenschaft geraten sein. Davon weiß Lukas offenbar nichts, daher sein Schweigen darüber in der Apostelgeschichte.

Schreibt Paulus den Brief während einer Gefangenschaft in Ephesus, dann wären als Abfassungszeit die Jahre zwischen 53 und 55 anzunehmen.

2.2.3. Schwerpunkte und Probleme

Der Christushymnus

Inhaltlich und formal hebt sich der Abschnitt 2,6–11 deutlich vom Kontext ab. Die Mahnung zur Eintracht (2,1–5) ist auf das Alltagsleben gerichtet; die Gemeinde soll im Umgang miteinander dem zu entsprechen suchen, worin sie Jesus Christus zum Vorbild hat. Es folgt eine christologische Darlegung, die durch ihre Tiefe weit darüber hinausgeht, die vorgetragene Mahnung lediglich zusätzlich zu begründen.

Stilistisch unterbricht 2,6–11 den Prosatext 2,1–5 und 2,12–18. Die Gegenüberstellung »in der Gestalt Gottes« (V 6a) – »in der Gestalt eines Sklaven« (V 7a) markiert den Anfang einer absteigenden Bewegung, in der die Menschwerdung als die Zeit der Erniedrigung und des Gehorsams bis zum Tod angesehen wird (V 7b-8). Einmal am Tiefpunkt, signalisiert der Subjektwechsel – nicht Jesus, sondern Gott –, den Anfang einer gegenläufigen aufsteigenden Bewegung. Gott schenkt dem Gekreuzigten »einen Namen über alle Namen« – eine völlig neue Wirklichkeit (V 9). Worin diese neue Wirklichkeit besteht, wird durch die Anbetung (V 10) und das Bekenntnis der ganzen Schöpfung deutlich: Jesus Christus ist der Herr (V 11). Als Kyrios gehört er ganz in die Welt Gottes.

Die formale Struktur lässt die genannten inhaltlichen Schwerpunkte hervortreten; sie ist durchsichtig, obschon in der Frage nach dem Vorhandensein kleinerer Texteinheiten die Meinungen in der Forschung auseinandergehen. Das folgende Schema orientiert sich an einem einfachen Modell und versucht, den Sinnzusammenhang zu verdeutlichen; beim Lesen folge man dem absteigenden und aufsteigenden Pfeil am Textrand.[8]

[6] Der in der *Gestalt Gottes* war,	zur Ehre Gottes, des Vaters.
hielt nicht gierig daran fest,	dass Herr ist Jesus Christus,
Gott gleich zu sein,	[11] und jede Zunge bekennt,
[7] sondern er entäußerte sich selbst,	im Himmel, auf Erden und unter der Erde,
indem er die *Gestalt eines Sklaven* annahm.	jedes Knie sich beugt,
Er wurde ein Gleichbild der Menschen;	[10] damit im Namen Jesu
im Äußern wurde er wie ein Mensch erfunden.	der über jedem Namen steht,
[8] Er erniedrigte sich selbst,	und ihm den Namen geschenkt,
wurde gehorsam bis zum Tod,	[9] Darum hat Gott ihn erhöht
	bis zum Tod am Kreuz.

Über zwei Aspekte ist sich die Forschung weitgehend einig: Der Christushymnus wurde aus der christlichen Tradition übernommen; Paulus gibt den Text wieder, wie er ihn empfangen hat, abgesehen von einer wichtigen Einzelheit, die als verdeutlichende Ergänzung auf seine Hand zurückgehen dürfte: der Zusatz »bis zum Tod am Kreuz«, der sich sogar von der symmetrischen Struktur des Textes abhebt.

Über die vorliterarische Geschichte des Hymnus wissen wir nichts Konkretes, aber die Annahme ist berechtigt, dass der Text in den vierziger Jahren des 1. Jahrhunderts entstanden ist, und zwar im hellenistisch-judenchristlichen Milieu im Rahmen der Gemeindeliturgie. Die hier zum ersten Mal bezeugte Präexistenz-Vorstellung – die Aussage über die Existenz des Erlösers »in der Gestalt Gottes« weist darauf hin – setzt die Übernahme der Weisheitsspekulationen des hellenistischen Judentums voraus[9], die nun christologisch gedeutet werden, um die unüberholbare Bedeutung des Todes Jesu zu unterstreichen.

---

[8] Die erste Strophe [linke Spalte] ist wie gewöhnlich zu lesen, die zweite Strophe [rechte Spalte] zeilenweise von unten nach oben.

[9] Vgl. Weish 6 – 9. Salomo, Ideal des weisen Königs, bittet um die Sendung der Weisheit: »Sende sie vom heiligen Himmel und schicke sie vom Thron deiner Herrlichkeit, damit sie bei mir sei und alle Mühe mit mir teile und damit ich erkenne, was dir gefällt« (Weish 9,10). Vgl. ferner Spr 8,22–31; Sir 24,1–22; 51,13–30.

Eschatologie

In 1,23 äußert Paulus den Wunsch aufzubrechen, d. h. sterben zu wollen und mit Christus zu sein. Das entspricht jener Vorstellung endzeitlicher Hoffnung, die die Vereinigung mit Christus gleich nach dem Tod erwartet (individuell). In den Paulusbriefen begegnet sie nur an dieser Stelle. Nach 1Thess 4,15–17 und 1Kor 15,23 wird die Vereinigung mit Christus erst am Ende der Zeit bei seiner Wiederkunft eintreten, wenn die Toten auferstehen und die Lebenden verwandelt werden (allgemein: 1Kor 15,51f). Nach Phil 3,20f erwarten die Christen den Retter, den Herrn Jesus Christus, vom Himmel her, d. h. in seiner Parusie: »Er wird unseren armseligen Leib verwandeln und ihn dem Leib seiner Herrlichkeit gleichgestalten«; hier kann sich die Verwandlung auf die Lebenden beziehen, aber in einem weiteren Sinn auch auf die Verwandlung bei der Auferstehung der Toten. Aber die Vorstellung bleibt wohl im Rahmen der zitierten Aussagen in 1Thess und 1Kor.

Es ist keine gedankliche Inkonsequenz, wenn Paulus seine endzeitliche Hoffnung sowohl im Tod individuell als auch endzeitlich-allgemein zum Ausdruck bringt, zwei Konzeptionen, die – streng genommen – unvereinbar sind. Denn zum einen bietet er in seinen Briefen keine systematische Darstellung theologischer Wahrheiten; und zum anderen zeichnet sich gerade sein Sprechen von der Hoffnung durch große Vielfalt aus, um das Unsagbare auszudrücken. Das zeitgenössische Judentum kennt ebenfalls beide Konzeptionen.[10] Das Wort Jesu nach Lk 23,43: »Heute noch wirst du mit mir im Paradies sein« bezeugt ebenfalls die Hoffnung auf eine Vollendung des Einzelnen unmittelbar nach dem Tod.

Die Gegner

Die scharfe Polemik am Anfang des 3. Kapitels richtet sich gegen judaisierende Judenchristen[11], denen Paulus seine tadellose jüdische Vergangenheit entgegenstellt. Ob die Gegner darüber

---

[10] Zur himmlischen Seligkeit vor dem Ende der Zeit vgl. Äthiopisches Henochbuch 61, 12; Apokalypse Abrahams 21, 9 usw.

[11] Vgl. 3,2f das Wortspiel um »Zerschneidung« und »Beschneidung«.

hinaus ein enthusiastisches oder gar gnostisches Heilsbewusst-
sein vertraten, das Paulus durch seine Aussage, er habe die
Vollendung noch nicht erreicht (3,12), kritisiert, ist denkbar,
aber nicht sicher. Eine libertinistische Tendenz lässt sich aus
3,19 herauslesen: »Ihr Ende ist Verderben, ihr Gott ist der
Bauch und ihr Ruhm liegt in ihrer Schande, ihr Sinn ist auf
das Irdische gerichtet«. Aber ob die anvisierte Gruppe tatsächlich ein wie auch immer geartetes zügelloses Leben geführt hat,
lässt sich auch nicht sicher sagen. Die Aufdeckung und Entlar-
vung der moralischen Verkommenheit von Gegnern ist ein be-
währtes Mittel in der Bekämpfung Andersdenkender, das in
der Auseinandersetzung von Orthodoxie und Heterodoxie
häufig Anwendung findet.

Das Hauptproblem in der Auslegung des Briefes bilden die *gedanklichen und stilistischen Brüche:*

- nach der Aufforderung zur Freude 3,1 unterbricht unvermittelt der polemische
  Abschnitt 3,2–4,1 die Darstellung, deren eigentliche Fortsetzung 4,4 ist;
- in 4,3 wendet sich Paulus an ein »Du«, das nur hier auftaucht;
- nach 4,9, der als Briefschluss dienen kann, folgt eine neue Thematik.

Polykarp, Bischof von Smyrna, schreibt um 140 einen Brief an
die Philipper und erwähnt dabei »die Briefe«, die Paulus an die
Gemeinde geschrieben habe. Die Angabe hat die Vermutung
begründet, die festgestellten Brüche im Text seien die Folge der
Verbindung von mehreren Briefstücken.

Die vorgeschlagenen literarkritischen Hypothesen zum Phil,
wiewohl sie sich auf die offensichtlichen Ungereimtheiten beziehen, sind disparat.[12] Darin zeigt sich ein hoher subjektiver
Anteil, der solche Versuche begleitet. Die Annahme der ursprünglichen Einheit des Schreibens darf man durch diese Ver-

---

[12] Beispiel: Nach *J. Gnilka*, Der Philipperbrief, Freiburg [2]1976: Brief A: Der
Gefangenschaftsbrief: 1,1–3,1a; 4,2–7.10–23; Brief B: Der Kampfbrief:
3,1b–4,1.8–9; nach *P. Vielhauer*, Geschichte der urchristlichen Literatur,
Berlin 1975: Brief A: Dankschreiben 4,10–20; Brief B: das große Schreiben
1,1–3,1; 4,4–9.21–23; Brief C: die Ketzerpolemik 3,2–4,3. *U. Schnelle*, Einleitung in das Neue Testament, Göttingen [4]2002, 161, plädiert für die Einheit des Textes.

suche nicht für überholt halten, wenn sie zugleich eine plausible Erklärung der Brüche aufbietet.

2.3. Der Brief an Philemon

2.3.1. Inhalt und Struktur

Eingang 1–3
Vorrede 4–7
Hauptteil 8–20
Briefschluss 21–25
– Rückblick und Ankündigung des Besuchs 21–22
– Grüße 23f
– Schlussgruß 25

2.3.2. Anlass und Zeit

Paulus schreibt aus dem Gefängnis, wohin ihn Timotheus (V 1) und Epaphras (V 23) begleitet haben. Der einzige seiner Briefe, der an eine Einzelperson adressiert ist, wird von dem überbracht, um den es in dem Schreiben geht: Onesimus ist der Sklave eines wohlhabenden Herrn, Philemon, in dessen Haus sich die Ortsgemeinde versammelt (V 2). In der Forschung wird er oft als »entflohener« Sklave bezeichnet. Der Text enthält aber keinen Hinweis darauf. Es ist eher wahrscheinlich, dass er seinem Herrn irgendeinen Schaden zugefügt hat (V 18). Die Begegnung mit Paulus im Gefängnis ist kein Zufall. Onesimus kannte den Apostel von dessen früherem Besuch im Haus seines Herrn (V 22). Jetzt sucht er Paulus gezielt auf, um das Problem mit seinem Herrn durch die Fürsprache des Paulus zu lösen. Dort, im Gefängnis, kommt es zu seiner Bekehrung (V 10).

Paulus schreibt diesen sehr persönlichen Brief, um Philemon davon zu überzeugen, dass er Onesimus wieder in sein Haus aufnehmen soll, aber nicht mehr als Sklaven, sondern als geliebten Bruder (V 16), ja als wäre dieser Paulus selbst (V 17).

Wie im Philipperbrief dürfte auch hier Ephesus als Ort der Gefangenschaft auszumachen sein. Dafür sprechen manche Angaben des nicht paulinischen Kolosserbriefs, der aber in diesem Fall glaubwürdige Information liefert. Der Brief an die Gemeinde in Kolossä wird von Tychikus und Onesimus (Kol 4,7.9), die jeweils als »geliebter Bruder« bezeichnet werden, überbracht. Im gleichen Brief wird der »geliebte Mitarbeiter Epaphras« erwähnt, von dem die Gemeinde das Wort der Wahrheit (1,5) gelernt hat (1,7). In Kol 4,12 übermittelt Paulus die Grüße des Epaphras und lobt ihn (4,13). Beide Namen, Onesimus und Epaphras, die zuerst in Phlm 10.23 auftauchen, sind mit Kolossä verbunden; wahrscheinlich wohnte Philemon dort. Die Entfernung zu Ephesus – weniger als 200 km – passt ebenfalls zu den vorausgesetzten geographischen Verhältnissen.

Nach der vorgelegten Rekonstruktion der Abfassungsumstände fällt die Abfassungszeit zwischen die Jahre 53 und 55.

2.3.3. Schwerpunkte und Probleme

Glaube, persönliche Beziehung und Überredungskunst

Paulus wendet sich an Philemon mit einer Bitte (V 9f). Es geht um Onesimus, den er bei sich behalten hätte, aber er möchte dies nicht ohne die Zustimmung Philemons (V 13f) tun. Die vornehme Rücksichtnahme auf die Zustimmung des anderen darf jedoch nicht über die Tatsache hinwegtäuschen, dass Paulus hier mit seiner ganzen Autorität argumentiert und dem Philemon kaum eine andere Wahl lässt, als Onesimus in der Form wieder aufzunehmen, die ihm der Apostel nahelegt (V 21). Paulus erklärt sich bereit, für die Schuld des Onesimus aufzukommen; gleichzeitig wird Philemon aber daran erinnert, dass er sich selbst dem Apostel schuldet (V 19). Die Zurückweisung des Onesimus käme deshalb der Zurückweisung des Paulus gleich: Onesimus ist nämlich sein Herz (V 12), Philemon soll ihn wieder aufnehmen, als wäre er Paulus selbst (V 17).

In der Art und Weise, wie sich der Apostel an ihn wendet, spielt ohne Zweifel die persönliche Beziehung zwischen Paulus und Philemon eine wichtige Rolle. Aber Paulus setzt sich nicht nur durch Betonung seiner persönlichen Autorität durch. Im Hintergrund steht die Wahrheit des Glaubens, die Paulus zur Geltung bringt. Darum appelliert er zuerst an den gemeinsamen Glauben (V 6). Wie Philemon das Herz der Heiligen erquickt hat (V 7), so soll er das Herz des Paulus in Christus erquicken (V 20). Doch um welche Wahrheit geht es hier?

Paulus und die Sklaverei

Angesichts des baldigen Endes empfiehlt Paulus in dem gesellschaftlichen Stand zu bleiben, dem jeder angehört. Das betrifft auch die Sklaven (1 Kor 7,21–23). Der gesellschaftliche Unterschied wird freilich in Christus aufgehoben, in dem es weder Sklaven noch Freie gibt (Gal 3,28). Alle Getauften besitzen vor Gott die gleiche Würde, die weit wichtiger ist als soziale Unterschiede.

Diese Sicht der Dinge bedeutet jedoch nicht, dass die konkrete Situation der Sklaven in der Gesellschaft unverändert gelassen wird, als würde die theologische Wahrheit die soziale Wirklichkeit nicht tangieren. Das ist nicht der Fall, besonders wenn der Besitzer ein Christ ist, wie Philemon. Die Ständeordnung bleibt unangetastet, aber die Beziehung zwischen Herrn und Sklaven hat sich gegenüber dem antiken Umfeld grundlegend gewandelt: Sklave und Herr sind nun »geliebte Brüder«, die sich zum gleichen Vater bekennen, in der Taufe neues Leben empfangen haben und zusammen am Tisch des Herrn sitzen. Der Sklave wird seinen Dienst im Haus seines Herrn verrichten, aber er ist nicht mehr der Sklave im klassischen Sinn. Sein Herr wird ihn auch nicht so behandeln, weil er weiß, dass auch er einen Herrn im Himmel hat (Kol 4,1).

Onesimus

Hat Philemon dem Onesimus die Freiheit geschenkt? Der Brief sagt darüber nichts. Aufgrund der zitierten Stelle Kol 4,9 meint Peter Stuhlmacher[13], das sei tatsächlich geschehen. Philemon habe »Onesimus für Paulus und den Missionsdienst freigegeben, und Onesimus war anschließend als Sendbote des Paulus tätig«. Kol 4,9 verrät wenige Einzelheiten über Onesimus, lediglich dass er aus Kolossä stammt und den Tychikus, einen Mitarbeiter des Paulus, begleitet. Um die Angabe über Onesi-

---

[13] Vgl. Der Brief an Philemon, Zürich – Einsiedeln 1975, 57.

mus im Kol richtig zu bewerten, muss zuerst die Entstehungszeit des Kol und sein Verhältnis zum Phlm geklärt werden. Auf
die Freilassung des Onesimus vor dem Hintergrund des Schreibens an Philemon zu schließen, ist demnach mit Verweis auf
Kol 4,9 nicht zu begründen.

2.4. Der erste Brief an die Korinther

2.4.1. Inhalt und Struktur

Eingang 1,1–3
Vorrede 1,4–9
1. Teil: Die Spaltungen in der Gemeinde 1,10–4,21
– Die Gruppen in der Gemeinde 1,10–17
– Die Verkündigung des Kreuzes 1,18–2,5
– Die Weisheit Gottes 2,6–3,4
– Die Gruppen und die Gemeinde 3,5–23
– Der Apostel Christi 4,1–16
– Der baldige Besuch in Korinth 4,17–21
2. Teil: Sittliche Missstände in der Gemeinde 5,1–6,20
– Ein Fall von Blutschande 5,1–13
– Rechtsstreitigkeiten unter den Christen 6,1–11
– Unzucht und Freiheit 6,12–20
3. Teil: Fragen der Ehe und der Ehelosigkeit 7,1–40
– Sexuelle Abstinenz in der Ehe 7,1–7
– Ehelosigkeit und Ehescheidung 7,8–24
– Ehe und Jungfräulichkeit 7,25–38
– Wiederverheiratung 7,39–40
4. Teil: Fragen des Götzenopferfleisches und der christlichen Freiheit 8,1–11,1
– Der Genuss von Götzenopferfleisch und die christliche Freiheit 8,1–13
– Exkurs: Freiheit im Leben des Paulus 9,1–27
– Das Beispiel aus der Geschichte Israels 10,1–13
– Das Opfermahl und der Tisch des Herrn 10,14–11,1
5. Teil: Fragen zum christlichen Gottesdienst 11,2–34
– Die Frau im Gottesdienst 11,1–16
– Missstände beim Herrenmahl 11,17–34
6. Teil: Die Geistesgaben im Leben der Gemeinde 12,1–14,40
– Die vielen Gaben des einen Geistes 12,1–11
– Die vielen Glieder des einen Leibes 12,12–31a
– Die Liebe als die höchste Geistesgabe 12,31b-13,13

2.4.2. Anlass und Zeit

Nach Philippi, Thessalonich und dem kurzen Aufenthalt in Athen (vgl. Apg 17,16–34) ist Korinth die vierte Station in der Missionsreise des Paulus auf griechischem Boden (vgl. Apg 18,1–17). Nach der Notiz in Apg 18,11 bleibt der Apostel in der reichen Hafenstadt etwa 18 Monate in der Zeit zwischen 50 und 51. Aus dem verhältnismäßig langen Aufenthalt in Korinth ist die enge Bindung zwischen dem Apostel und der Gemeinde entstanden, die sich – nicht zuletzt in Form heftiger Kontroversen – in der korinthischen Korrespondenz äußert.

Den Anlass des Briefes bilden zahlreiche Fragen und Probleme in der korinthischen Gemeinde, von denen Paulus über mehrere Kanäle erfahren hat. Es gibt keinen anderen Paulusbrief von solch thematischer Vielfalt.

Paulus befindet sich in Ephesus, wo er bis Pfingsten bleiben wird, als er den Brief schreibt (16,8).[14] Von hier aus kündigt er seine Absicht an, die Korinther zu besuchen (16,5). Vor diesem Besuch nimmt er zu den ihm bekannten Problemen und Fragen in der Gemeinde Stellung.

Seine Informationsquellen sind fast ebenso vielfältig wie die Themen:

---

[14] Er hat schon Timotheus nach Korinth gesandt (4,17), aber dieser ist nicht der Überbringer des Briefes, denn laut Briefschluss ist Timotheus noch nicht zurückgekehrt (16,10).

- über die Spaltungen in der Gemeinde: die Leute von Chloë (1,11);
- über die Unzucht: eine mündliche Quelle (»man hört von Unzucht unter euch ...«, 5,1);
- über Fragen der Sexualität: ein Brief der Korinther[15], der wahrscheinlich einen Fragenkatalog enthielt; der Anfang, »über die ...« (7,1), wiederholt sich in 8,1 und 12,1;
- über die Auferstehung der Toten: mündliche Informationen (»wie können einige von euch sagen ...«, 15,12).

Die Entstehungszeit des Schreibens dürfte im Frühjahr 54 oder 55 liegen.

2.4.3. Schwerpunkte und Probleme

Aus dem thematischen Reichtum des Schreibens ergeben sich mehrere Schwerpunkte. Davon wählen wir einige aus:

Kreuzestheologie

Paulus entfaltet seine Kreuzestheologie vor dem Hintergrund einer doppelten Herausforderung:

- Die menschliche Weisheit. In der Gemeinde scheint eine Tendenz zu herrschen, dem Glanz der rhetorischen Rede und dem Nachweis menschlicher Gelehrsamkeit besondere Aufmerksamkeit zu schenken, von der sich Paulus deutlich absetzt (1,17; 2,1). Es mag sein, dass diese Tendenz durch das Wirken des redegewandten Apollos (Apg 18,24) verstärkt wurde und auf diese Weise zur Bildung einer Gruppe führte, die sich nach ihm benannte (1Kor 1,12; 3,4.5.22).
- Die Existenz von Gruppen in der Gemeinde. Ob es eine »Christus«-Partei gab, ist umstritten[16], aber bei den anderen drei lässt sich der Grund für ihre Entstehung angeben. »Ich halte zu Paulus« beteuern die Heidenchristen, die sich mit der Person und mit dem Denken des Apostels identifizieren. Dazu können sich auch Judenchristen gesellen, die zum jüdischen

---

[15] Die Korrespondenz zwischen Paulus und den Korinthern war umfangreicher als die überlieferten Briefe (vgl. 1Kor 5,9; 7,1; 2Kor 2,3f.9; 7,9).

[16] Die Möglichkeit, dass diese Gruppe von den »Enthusiasten« gebildet wurde (6,12; 12,3), darf man nicht ausschließen.

Gesetz die gleiche Haltung einnehmen. – »Ich halte zu Apollos« kann als Losungswort jener Gläubigen, die von der Beredsamkeit des Apollos beeindruckt und überzeugt sind. – »Ich halte zu Kephas« sagen die Judenchristen, die ihre jüdische Identität durch die Bindung an Kephas beibehalten wollen.

Das Wort vom Kreuz (1,18–25) enthält die Antwort auf beide Herausforderungen.[17] Menschliche Weisheit, auch und gerade wenn sie in vollendeter sprachlicher Gestalt vermittelt wird, vermag besonders durch Überzeugung Zustimmung zu erreichen. Die Verkündigung des Kreuzes hingegen entbehrt jedes rhetorischen Glanzes. Dass Gott ausgerechnet in der Gestalt eines Gekreuzigten allen Menschen sein Heil anbietet, ist ein der Vernunft scheinbar widersprechender Glaubensinhalt. Für die Griechen, die die Weisheit suchen, ist diese Botschaft eine Torheit (1,22f), die sie im Namen der Vernunft nur ablehnen können. Im jüdischen Verständnis muss sich der Retter der Welt zuvor durch die Zeichen seiner Macht oder seiner tiefen Frömmigkeit legitimieren. Für die herkömmliche messianische Hoffnung war die Botschaft vom Kreuz ein empörendes Ärgernis (1,22f). Skándalon (σκάνδαλον), hier mit »empörendes Ärgernis« übersetzt, bedeutet eigentlich »Falle« bzw. der Anlass zum Fall, so wie ein Stein auf dem Weg, über den man zu Fall kommt (vgl. Jes 8,14; Röm 9,33; 1 Petr 2,8). In Bezug auf diesen bildlichen Begriff wirkt die Botschaft vom Kreuz wie eine Falle, in die die Juden aufgrund ihrer Erwartung hineintappen. Die Bezeichnungen »Griechen« und »Juden« (1,22) überschreiten in diesem Zusammenhang die ethnischen Grenzen und bezeichnen grundsätzlich menschliche Haltungen im Hinblick auf die Verkündigung des Kreuzes. Das Kreuz ist das Ende jeder Erwartung eines Heilshandelns Gottes, das in Einklang mit der Vernunft oder der religiösen Überzeugung stehen kann. Die Botschaft vom Kreuz offenbart eine Weisheit, die nicht mit den Maßstäben menschlicher Weisheit gemessen werden kann. Es handelt sich

---

[17] Die Kreuzestheologie des Paulus ist freilich viel mehr als eine Antwort auf die Probleme in Korinth. S. u. 88–91, III. 1.

um die paradoxe Weisheit Gottes, die sich im Kreuz als rettende Wahrheit und Kraft offenbart: »Denn das Törichte an Gott ist weiser als die Menschen, und das Schwache an Gott ist stärker als die Menschen« (1,25). – Auch die an sich legitime Überzeugung, dass sich der eigene Glaubensweg an einer markanten Verkündigergestalt orientieren kann – etwa Paulus, Apollos oder Kephas –, wird durch die Botschaft vom Kreuz in ihre Schranken gewiesen. Weder Paulus noch die anderen Autoritäten wurden für die Korinther gekreuzigt (1,13).

Freiheit in der Welt

Christliche Freiheit ist eine kostbare, aber auch gefährdete Gabe. Der Brief thematisiert dies in drei Zusammenhängen:

- Da die Zeit knapp bemessen ist (7,29), weil die Gestalt dieser Welt vergeht (7,31), lebt der Gläubige in Distanz zur Welt: »Wer eine Frau hat, soll sich in der Zukunft so verhalten, als habe er keine; wer weint, als weine er nicht; wer sich freut, als freue er sich nicht, wer kauft, als wäre er nicht Eigentümer ...« (7,29f). Diese Distanz ist aber nicht Zeichen für Weltverachtung, noch ergibt sie sich aus einer stoischen Haltung, bei der es darum geht, sich von den Ereignissen in der Welt fernzuhalten, um die innere Freiheit zu bewahren. In ihr konkretisiert sich vielmehr eine realistische Haltung angesichts des baldigen Endes, aus der die Freiheit für einen intensiveren Dienst am Evangelium erwächst (7,8.32).

- Christliche Freiheit vollzieht sich im Rahmen der subjektiven Entscheidung des Gläubigen, aber nicht individualistisch, sondern in einem stets situativen, ekklesiologischen Zusammenhang. Sie kann sich auch im Verzicht auf legitime Rechte konkretisieren, wenn es darum geht, einen anderen Gläubigen nicht zu gefährden, indem man etwa vom Genuss des Götzenfleisches[18] absieht (8,7–13; 10,28f), oder wenn es

---

[18] Es handelt sich um das Fleisch, das im heidnischen Tempel den Göttern geopfert und das zum Verkauf angeboten wurde; den Juden war der Genuss dieses Fleisches streng untersagt. Während für die Judenchristen diese Frage

der Verkündigung des Evangeliums dient, wie Paulus und Barnabas durch ihr Leben exemplarisch zeigen (9,1–27).

- Der Christ kann sich aber auch auf den falschen Anspruch berufen, ihm sei alles erlaubt (6,12). Die enthusiastische Gewissheit, mit dem Herrn in einer untrennbaren Verbindung zu leben, begründet in diesem Fall eine Art von Freiheit, die in der Überschreitung des Normativen ihre Bestätigung bzw. ihren Nachweis sucht (6,13–19). Den Korinthern, die offenbar problemlos Kontakt mit Prostituierten pflegen, hält Paulus nicht ein ethisches Argument entgegen, sondern ein christologisches. Gerade die Bindung an den Leib des Herrn schließt die Bindung an den Leib einer Dirne aus (6,15–20).

Enthusiasmus und Charisma

Der Enthusiasmus als Merkmal der korinthischen Gemeinde äußert sich nicht nur im zuletzt angesprochenen Fall (6,12–19). Die Frauen, die ohne Schleier in der liturgischen Versammlung beten und prophetisch reden (11,1–16)[19], jene, die Jesus verfluchen (12,3), die eifrigen Charismatiker, die sich lieber die Gabe der Zungenrede als die des prophetischen Wortes wünschen (14,1–19) – sie alle bezeugen eine aufgeladene charismatische Stimmung in der Gemeinde.

Paulus schaut dem enthusiastischen Treiben nicht tatenlos zu. Dort, wo sich Fehlentwicklungen eingestellt haben, argumentiert er dagegen, um sie zu beseitigen. Wenn er darauf besteht, die Frauen sollen nicht ohne Kopftuch beten und prophetisch reden, und er sich dabei auf den »Brauch in den Gemeinden Gottes« beruft (11,16), handelt er nicht »konservativ«, sondern eher von einem Realismus getrieben, um das Ansehen der Frauen nicht zu gefährden: außerhalb ihres Hauses durfte sich die Frau nicht ohne Kopftuch zeigen.

In Kraft des Geistes wird niemand Jesus verfluchen, sondern er wird bekennen: Jesus ist der Herr (12,3).

---

maßgeblich sein konnte, stellte sie sich für die Heidenchristen unter Umständen gar nicht.

[19] Zu 1Kor 14,33b-36 s. u. 135, IV. 1.4.2. – Die Rolle der Frau.

Grundsätzlich bejaht Paulus zutiefst die Gaben des Geistes in der Gemeinde, wenn Anstand und Ordnung bewahrt bleiben (14,40). Aber gerade sein Verständnis vom Wirken des Geistes im Leben der Gläubigen und in der Gemeinde führt zu einer gründlichen Relativierung der Charismen, besonders wenn sie sich im liturgischen Rahmen und in auffälligen Formen äußern. Der Weg, der alles übersteigt (12,31b), wird im »Hohenlied der Liebe« (13,1–13) gewiesen. Die höchste aller Gnadengaben ist die Liebe, die sich in ganz unscheinbaren Haltungen im Alltag äußert und bewährt (13,4–7): »sie ist langmütig, gütig, sie ereifert sich nicht, sie prahlt nicht, sie bläht sich nicht auf ...« (13,4–7); sie ist das einzig Bleibende, wenn alles andere überholt ist (13,13).

Auferstehungshoffnung

Das Bekenntnis zum heilbringenden Tod und zur Auferweckung Jesu ist die Grundlage des christlichen Glaubens (15,3–5). Die Verkündigung des Gekreuzigten allein hätte ohne das Ostergeschehen keinen Sinn: »Ist aber Christus nicht auferweckt worden, dann ist unsere Verkündigung leer und euer Glaube sinnlos« (15,14). Wenn einige Korinther dennoch die Auferstehung der Toten leugnen (15,12), können sie dies nicht auf die Auferstehung Jesu beziehen, ohne den Kern des Glaubens in Frage zu stellen. Der Hintergrund für ihre Haltung hängt wahrscheinlich mit dem schon genannten Phänomen der enthusiastischen Stimmung in der Korinther Gemeinde zusammen. Die Überlegung, die zu dieser Haltung geführt hat, dürfte etwa folgende gewesen sein: Wenn wir schon mit der Taufe »in einem neuen Leben wandeln« (Röm 6,4), wenn wir in der Taufe ja sogar schon auferweckt worden sind (vgl. Kol 2,12), brauchen wir dann noch eine Auferstehung am Ende der Zeit?

In der Frage nach der Qualität des auferstandenen Leibes (15,35) argumentiert Paulus mit der Andersartigkeit dieses Leibes. Die wiederholten Gegenüberstellungen drücken dies aus:

V 42 Was gesät wird, ist verweslich, was auferweckt wird, unverweslich.

V 43 Was gesät wird, ist armselig, was auferweckt wird, herrlich.

Was gesät wird, ist schwach, was auferweckt wird, ist stark.

Die Andersartigkeit der auferstandenen Leiblichkeit gipfelt in der paradoxen Formulierung eines »geistigen Leibes« (15,44: σῶμα πνευματικόν), in den sich der gegenwärtige natürliche (»psychische«: σῶμα ψυχικόν) Leib verwandeln und ewige Konturen empfangen wird.

Die reiche thematische Vielfalt des Briefes wurde in der Forschung durch die Annahme erklärt, aus ursprünglich mehreren Briefen habe ein Redaktor die Einheit geschaffen, die in der Textüberlieferung als 1 Kor bekannt ist.[20] Berücksichtigt man die verschiedenen Informationsquellen des Paulus (s. o. 61f), ist es nicht nötig, auf eine Teilungshypothese zu rekurrieren.[21]

2.5. Der zweite Brief an die Korinther

2.5.1. Inhalt und Struktur

Eingang 1,1–2

Vorrede 1,3–11

1. Teil: Der Konflikt mit der Gemeinde 1,12–2,13

2. Teil: Das apostolische Amt 2,14–7,4

- Der apostolische Dienst des Paulus und die Gemeinde 2,14–4,6
- Gegenwärtige Not und künftige Herrlichkeit 4,7–6,10
- Mahnungen an die Gemeinde 6,11–7,4

3. Teil: Ankunft des Titus mit guten Nachrichten 7,5–16

4. Teil: Empfehlung für die Kollekte 8,1–9,15

- Das Vorbild der Gemeinden in Mazedonien und die Sendung des Titus 8,1–24
- Empfehlung für die Beauftragten 9,1–15

5. Teil: Das apostolische Amt 10,1–13,10

- Die Polemik gegen die »Überapostel« 10,1–11,15
- Die »Narrenrede« 11,16–12,13
- Ankündigung eines dritten Besuchs 12,14–13,10

---

[20] Vgl. W. *Schmithals*, Die Korintherbriefe als Briefsammlung, Zürich 1984; R. *Pesch*, Paulus ringt um die Lebensform der Kirche: Vier Briefe an die Gemeinde in Korinth, Freiburg i. Br. 1986.

[21] Vgl. H. *Merklein*, Der Einheitlichkeit des ersten Korintherbriefes, in: ZNW 75 (1984) 153–183; W. *Schrage*, Der erste Brief an die Korinther, Zürich – Neukirchen 1991, 63–71.

Briefschluss 13,11–13
- Mahnungen 13,11
- Grüße 13,12f

2.5.2. Anlass und Zeit

Sein Vorhaben, die Korinther zu besuchen (1Kor 16,5), konnte Paulus nicht verwirklichen (2Kor 1,16). Timotheus, den er nach Korinth geschickt hatte (1Kor 4,17; 16,10), ist nun zurückgekehrt (2Kor 1,1). In der Zwischenzeit hat sich das Verhältnis zwischen dem Apostel und der Gemeinde derart verschlechtert, dass Paulus einen Brief »unter vielen Tränen« schreiben muss (2,3.9).

Paulus schreibt aus Mazedonien, wo er sich aufhält, nachdem er den »Bruder Titus« in Troas nicht vorgefunden hatte und nach Mazedonien weitergereist war (2 Kor 2,13). Hier kommt es zur ersehnten Begegnung mit Titus, den er im Zusammenhang mit der Kollekte nach Korinth geschickt hatte. Titus übermittelt ihm ausgesprochen gute Nachrichten von der Gemeinde (7,5–16). Der »Tränenbrief« (2,4.9) hat demnach seine Wirkung nicht verfehlt (7,8).

Was ferner als Anlass des Briefes dient, lässt sich nicht mit Sicherheit ermitteln, so vielfältig sind die Angaben, die einen eindeutigen Verlauf der Ereignisse nicht erkennen lassen:

- Paulus war es nicht möglich, die Korinther ein zweites Mal zu besuchen (1,15f; 2,1). Aber dann erwähnt er einen zweiten Aufenthalt in Korinth (13,2) und kündigt einen dritten Besuch an (12,14; 13,1).

- Titus ist aus Korinth zurückgekehrt (7,6). Nach 8,16f ist Titus »mit dem Bruder« (?) noch einmal nach Korinth gereist, um die Kollekte durchzuführen. In 12,18 ist erneut von einer Sendung des Titus »mit dem Bruder« die Rede. Ist das gleiche Ereignis gemeint? Wie ist das zeitliche Verhältnis dabei zu bestimmen? Nach 12,18 ist Titus noch nicht aus Korinth zurückgekehrt.

- Problematisch ist die Einheit Kap. 10–13. Nach der Versöhnung mit den Korinthern (7,5–16) wirkt die Schärfe der Polemik gegen die »Überapostel« in Korinth – in Wirklichkeit sind sie »Lügenapostel, unehrliche Arbeiter« (11,13) – überraschend. Ist der Konflikt noch heftiger wieder aufgebrochen? Oder ist 2 Kor 10–13 ein Teil des »Tränenbriefes« (2,4)?

- Die zwei Kapitel über die Kollekte enthalten unnötige Wiederholungen (vgl. 8,1–5 und 9,1–4; 8,2.7 und 9,11; 8,14 und 9,12).

- Gedanklich wird 2,13 in 7,5 fortgesetzt. Die Texteinheit 2,14–7,4 legt in gehobener Sprache das Wesen des apostolischen Dienstes dar. Wenn der Anlass des Briefes allgemein die Lösung des Konflikts mit den Korinthern war, wenn der Konflikt ferner inhaltlich durch die Infragestellung der apostolischen Legitimation des Paulus seitens der »Überapostel« bestimmt war, bleibt die argumentative Funktion des Abschnitts im jetzigen Kontext unklar.

- Der Abschnitt 6,14–7,1 wirkt wie ein erratischer Block. Die Mahnung, den Kontakt mit Ungläubigen zu meiden, hat mit dem Kontext nichts zu tun. Die Rede von der Unvereinbarkeit zwischen Christus und Beliar (6,15) ist für Paulus ein sehr ungewöhnlicher Gedanke.

Da das Schreiben 1 Kor voraussetzt, kann man die Abfassungszeit zwischen dem Spätherbst 54 und 55 ansetzen.

2.5.3. Schwerpunkte und Probleme

Die Gegner

Es sind Judenchristen, die sich ostentativ als Hebräer und Nachkommen Abrahams bezeichnen (11,22). Sie bringen sich gegen Paulus in Stellung und werfen ihm vor, er würde sich »dem Fleisch nach« verhalten (10,2), d. h. nach rein menschlichen Maßstäben; seine Briefe seien zwar stark, aber sein Auftreten sei schwach und seine Rede wertlos (10,10; 11,6). Sie verlangen von ihm sogar einen Beweis, dass Christus durch ihn spricht (13,3). Dass sie sich auch von der Wahrheit des Evangeliums entfernt haben, indem sie einen anderen Jesus und den Empfang eines anderen Geistes verkünden als Paulus, wird zwar in 11,4 behauptet, aber es handelt sich hier schwerlich um eine eindeutige Lehre der Gegner. Wäre dies der Fall gewesen, hätte sich Paulus mit der Irrlehre ausführlicher auseinandergesetzt (vgl. Gal!) und es nicht bei einer allgemeinen Äußerung bewenden lassen.

Im Unterschied zur Kritik an Paulus wegen seiner mangelnden charismatischen Ausstrahlung, treten sie mit großem apostolischen Selbstbewusstsein auf – darum werden sie ironisch als »Überapostel« bezeichnet (11,5; 12,11). Paulus leugnet ihre charismatische Begabung nicht, sondern verurteilt ihre Beweggründe. Die Lügenapostel tarnen sich als Apostel Christi, wie sich auch der Satan als Engel des Lichts tarnt (11,13f).

Die Charakterisierung der Gegner entspricht dem enthusiastischen Klima, das die Gemeinde in der Zeit des ersten Briefes geprägt hat. Die Ambivalenz jeder Berufung im Hinblick auf das Wirken des Geistes wird im Anspruch der »Überapostel« sichtbar, viel reicher an Charismen zu sein als Paulus selbst, ja im Nachweis der eigenen charismatischen Befähigung ihm weit überlegen zu sein. Ob »gnostisch« die angemessene Bezeichnung für ihre Erscheinung ist, bleibt fraglich.

Der apostolische Dienst

Überschwänglich spricht Paulus vom apostolischen Dienst, wie er ihn erlebt und versteht. Als Apostel ist er in den Dienst des Geistes getreten (3,6), in dem sich die Herrlichkeit des Herrn spiegelt (3,18). Weil es sich immer um einen Dienst handelt, macht diese großartige Perspektive die Zerbrechlichkeit des menschlichen Werkzeugs umso deutlicher (4,7). Die Schwächen und Anfechtungen werden ertragen, weil dadurch die Kraft des Lebens des Auferstandenen offenbar wird (4,8–15). In der Spannung von erfahrener Lebensgefahr und Hoffnung auf Herrlichkeit deutet der Apostel seine irdische Existenz als eine Zeit in der Fremde, fern vom Herrn, aber ausgestattet mit der Gabe des Geistes (5,5f) in der Hoffnung auf die himmlische Wohnung (5,1).

Dienst bedeutet »Angewiesensein« auf den Herrn (4,5). Dies bestimmt den von Gott empfangenen Auftrag. Weil Gott in Christus die Welt mit sich versöhnt hat (5,21), ist der Dienst des Apostels vor allem »Dienst der Versöhnung« (5,18). Das Heilswerk Gottes in Jesus Christus wird dadurch zum Gegenstand der Verkündigung: »Lasst euch mit Gott versöhnen« (5,20).

Die Frage nach der literarischen Einheit des Briefes

Warum das Schreiben einen uneinheitlichen Eindruck macht, wurde oben dargelegt. Die Verteidiger der Einheit argumentieren mit einer Abfassung in mehreren Etappen und einer veränderten Gemeindesituation, die zu den festgestellten Unebenheiten geführt hätten.[22] Dieser Hinweis dürfte nicht ausreichen, um die jetzige Gestalt des Textes zu erklären.

Die Versuche, den vorliegenden Brief als Sammlung mehrerer Briefe auszuweisen, orientieren sich weitgehend an den oben präsentierten Texteinheiten, die als selbständige Briefstücke betrachtet werden.

Zwei Fragen sind nach wie vor offen und eine überzeugende Lösung ist nicht in Sicht:

Die Zahl der Briefe, die in 2Kor zusammengefügt wurden: Sind es zwei[23], drei[24] oder gar sechs[25]?

Die ungeschickte Art und Weise der Zusammenstellung: Hat der Endredaktor vollständige Briefe oder nur Fragmente zur jetzigen Gestalt zusammengeführt?

Ist einerseits die Einheitlichkeit des Briefes nicht vertretbar, ohne große Inkonsequenzen in Kauf zu nehmen, ist es andererseits den Vertretern der bisherigen Teilungshypothesen nicht gelungen, ein akzeptables Erklärungsmodell vorzulegen. Ob sich diese unerfreuliche Forschungslage einmal ändert, ist ungewiss.

---

[22] Vgl. *W.-G. Kümmel,* Einleitung in das Neue Testament, Heidelberg [18]1973, 253–255; *U. Schnelle,* Einleitung in das Neue Testament, Göttingen [4]2002, 105.

[23] Vgl. *R. Bultmann,* Der zweite Brief an die Korinther, Göttingen 1976, 23: Da 1Kor aus einem Brief A und B besteht, bildet 2Kor den Brief C: 2,14–7,4 (9) und die Kap. 10–13 sowie den Brief D: 1,1–2,13; 7,5–16 (8).

[24] Vgl. *P. Vielhauer,* Geschichte der urchristlichen Literatur, Berlin 1975, 153: Nach 1Kor (Brief A und B) gehören zu 2Kor: Brief C: der Tränenbrief 2,14–7,4 (ohne 6,14–7,1); 10–13; Brief D: der Versöhnungsbrief 1,1–2.13; 7,5–16. (Kap. 9); Brief E: der Empfehlungsbrief für Titus: 8.

[25] Vgl. *H. Conzelmann/A. Lindemann,* Arbeitsbuch zum Neuen Testament, Tübingen [11]1995, 269–271: Brief A: 2,14–7,4; Brief B: 10,1–13,10; Brief C: 1,3–2,11; Brief D: 2,12f; 7,5–16; Brief E: 8; Brief F: 9.

2.6. Der Brief an die Galater

2.6.1. Inhalt und Struktur

Eingang 1,1–4

Doxologie 1,5

1. Teil: Die Wahrheit des Evangeliums 1,6–5,12

  Die Verfälschung des Evangeliums 1,7–9

  Das paulinische Evangelium als Offenbarung Jesu Christi 1,10–12

  A. Historische Argumentation 1,13–2,14

    Die Vergangenheit des Paulus 1,13f

    Die Offenbarung des Sohnes 1,15–17

    Der Besuch bei Kephas 1,18–20

    Die Rückkehr nach Zilizien 1,21–24

    Der »Apostelkonvent« 2,1–10

    Der antiochenische Zwischenfall 2,11–14

  B. Die bibeltheologische Argumentation 2,15–5,12

    Die Grundthese von der Rechtfertigung aus dem Glauben 2,15–21

    Der Appell an die Erfahrung der Galater 3,1–5

    Der Glaube Abrahams 3,6–9

    Die Befreiung vom Fluch des Gesetzes 3,10–14

    Abraham und die Verheißung 3,15–18

    Über den Sinn des Gesetzes 3,19–26

    Die neue Wirklichkeit in Christus und die Nachkommenschaft Abrahams 3,27–29

    Die Sendung des Sohnes 4,1–7

    Die Bekehrung der Galater 4,8–20

    Die Allegorie der Frauen Abrahams 4,21–31

    Zusammenfassung und Überleitung 5,1–12

2. Teil: Das Leben in der Freiheit 5,13–6,10

  Die Werke des Fleisches und die Frucht des Geistes 5,13–26

  Mahnungen 6,1–10

Briefschluss 6,11–18

  Die Gefährdung der Gemeinde 6,12f

  Die Ausrichtung auf das Kreuz 6,14–17

  Schlussgruß 6,18

2.6.2. Anlass und Zeit

Flüchtig erwähnt Apg 16,6; 18,23 den Durchgang des Paulus durch Phrygien und das galatische Land. Die Beobachtung, dass er dort »alle Jünger stärkte« (Apg 18,23) lässt darauf schließen, dass die Verkündigung des Glaubens nicht erfolglos war. Weitere Einzelheiten über die Mission in Galatien sind nicht überliefert. Das Problem, das zur Abfassung des Briefes an die Galater führt, setzt die Existenz von mehreren Gemeinden in der Gegend voraus. An sie richtet sich das Schreiben.

Einige Judenchristen sind in den Gemeinden in Galatien mit der Forderung an die Heidenchristen aufgetreten, sich beschneiden zu lassen und das jüdische Gesetz zu beobachten (5,2f). Um ihrer Botschaft Nachdruck zu verleihen, verkünden sie diese als »Evangelium«, aber mit einem völlig konträren Inhalt zum paulinischen (1,7). Des Weiteren hinterfragen sie die apostolische Sendung des Paulus und den Wert seiner Verkündigung. In den von Paulus gegründeten Gemeinden, die verständlicherweise von seiner Botschaft geprägt sind, konnten die Eindringlinge nur auf diese Weise die Gläubigen für ihre Überzeugungen gewinnen. Vor diesem Hintergrund versteht man, dass Paulus gerade diese beiden Aspekte mit aller Bestimmtheit behandelt (1,1.11f.15f).

Wir wissen nicht, wie die galatischen Gemeinden auf die Propaganda der Judenchristen reagierten. Offenbar ist vieles noch in Bewegung, als Paulus den Brief schreibt. Dass die Gemeinden das »Evangelium« der Gegner schon angenommen haben, lässt sich zwar aus 1,6 (vgl. 3,1–5) schließen, aber es wird sich eher um rhetorisches Pathos als um eine Feststellung handeln. Die Erläuterungen über die Folgen der Beschneidung (5,2f) und die angewandte Überredungskunst, die das ganze Schreiben durchzieht, haben nur einen Sinn, wenn die Lage in den Gemeinden noch nicht entschieden ist.

Wir wissen auch nicht, auf welche Weise Paulus von den Ereignissen in Galatien Kenntnis erlangt hat. Auf jeden Fall misst er dem Geschehen höchste theologische Bedeutung bei. Es handelt sich nicht um eine innerchristliche Streitigkeit aufgrund marginaler Details zu Fragen der Lebensgestaltung der Gläubigen. Auf dem Spiel steht nichts weniger als die Wahrheit seines Evangeliums von der unüberbietbaren Bedeutung des Todes Christi.

Der Brief enthält keine Angabe über Entstehungszeit und -ort. Die zahlreichen Berührungen mit dem Römerbrief – wie mit keinem anderen Brief[26] – darf man als Hinweis auf eine Entstehungszeit am Ende des Aufenthaltes in Ephesus (um 55) werten.

2.6.3. Schwerpunkte und Probleme

Polemik gegen das jüdische Gesetz

Paulus leugnet nicht seine jüdische Identität, wenn er gegen das jüdische Gesetz polemisiert, wie er es in diesem Brief tut. Er zwingt die Judenchristen auch nicht, sich vom Gesetz loszusagen. Auch wenn die Beteuerung, es gebe kein anderes Evangelium als das von ihm verkündigte (1,6f), radikal klingt, spricht Paulus selbst vom »Evangelium der Beschneidung«, das Petrus anvertraut wurde (2,7). Gemeint ist die Frohbotschaft an die Judenchristen. Diese Gruppe, deren prominente Vertreter Jakobus und Petrus sind, werden weiterhin die Speise- und Reinigungsvorschriften des Gesetzes beachten; sie sind Teil des eigenen »Nomos«. Der Terminus bedeutet nicht nur »Gesetz«, sondern auch »Sitte«, »Brauch«, zu dem sich jeder, der dem jüdischen Kulturkreis angehört, verpflichtet. Paulus respektiert sie: »Wenn einer als Beschnittener berufen wurde, soll er beschnitten bleiben« (1Kor 7,18). Im »Evangelium der Beschneidung« ist aber das Heil nicht in der Beobachtung des Gesetzes begründet, sondern im Heilsgeschehen des Kreuzes Christi. Gültigkeit des Gesetzes und Christologie stehen hier nicht im Gegensatz zueinander, sofern die untergeordnete Rolle des Gesetzes gewahrt bleibt.

Die neue Situation in Galatien verlangt von Paulus eine grundsätzliche Klärung des Stellenwertes des jüdischen Geset-

---

[26] Einige Beispiele: Gal 3,6 → Röm 4,3 (Gen 15,6); Gal 3,9 → Röm 4,16; Gal 3,12 → Röm 10,5 (Lev 18,5); Gal 3,19 → Röm 4,15; Gal 3,22 → Röm 11,32; Gal 3,27 → Röm 13,14; Gal 4,4 → Röm 8,3f; Gal 4,6f → Röm 8,15–17; Gal 4,23 → Röm 9,7; Gal 5,24 → Röm 8,13.

zes und seiner Bedeutung. Jetzt sind es Christen, die zuvor nie das jüdische Gesetz kennengelernt haben, die sich im Nachhinein beschneiden lassen sollen; dadurch würde das Gesetz eine Bedeutsamkeit erlangen, die anderer Art ist als bei den Judenchristen. Wenn das Gesetz unbedingt notwendig wäre, hieße dies, dass die Heilskraft des Todes Christi – der bisherige Kern des Glaubens – nicht ausreichte, um den Menschen zu retten. Durch die Übernahme und Beobachtung des Gesetzes soll dieser Mangel behoben werden.

Wie kein anderer im Urchristentum erkennt Paulus die Tragweite einer derartigen Relativierung der Christologie und reagiert dementsprechend heftig. Mit unterschiedlichen Argumenten versucht er, den Wert des Gesetzes in der Heilsgeschichte herabzusetzen, ohne in einen Widerspruch mit der jüdischen Überlieferung zu geraten:

- ursprünglich ist nur der Weg des Glaubens, was sich in der Geschichte Abrahams zeigt (3,6–9);
- die Ordnung der Verheißung ist älter als die Ordnung des Gesetzes (3,15–18);
- die Gültigkeit des Gesetzes ist zeitlich begrenzt, und zwar bis zum Kommen Christi (3,19.24).

Es sind theologische Argumente, die Paulus aus einer christologischen Deutung der Schrift gewinnt. Ihre Gültigkeit und Grenzen sind damit angegeben. Die Überzeugung, die allen Argumenten zugrunde liegt, lautet: »Wenn die Gerechtigkeit durch das Gesetz kommt, dann ist Christus vergebens gestorben« (2,21).

Die wichtigste Entscheidung in der Geschichte der Kirche

In einer kurzen Aussage am Ende eines undeutlichen Satzes teilt Paulus die Entscheidung des Apostelkonzils mit, die wie keine andere Entscheidung die Zukunft der Kirche beeinflussen wird: »Mir haben die Angesehenen nichts auferlegt« (2,6b). Das bedeutet, dass die Vertreter der Jerusalemer Gemeinde – Jakobus, Kephas und Johannes – eine christliche Verkündigung an die Heiden akzeptierten, die keine Übernahme des Gesetzes vorsah. Das Beispiel des Titus, den Paulus mitnimmt, obwohl – oder gerade weil – er nicht beschnitten ist (2,3), wird zum Modell für eine neue Art christlichen Lebens.

Die Begegnung in Jerusalem war nicht frei von Spannung und Misstrauen (2,4f). Wie es zu dieser Entscheidung kam, wird nicht erkennbar. Anscheinend glaubten die Jerusalemer, zwei Missionsgebiete auseinanderhalten zu können: Paulus soll zu den Heiden, Petrus zu den Juden gehen. Dass dabei ein wichtiges Problem übersehen wurde – oder wollte es niemand sehen? –, zeigte sich bald in Antiochia (2,11–14). Welche Ordnung war maßgebend im Alltag einer Gemeinde, in der sowohl Juden- als auch Heidenchristen zusammenlebten? Die Frage der Tischgemeinschaft – den Juden war nicht erlaubt, mit Heiden zusammen zu essen – stellte sich unvermeidlich. Hier stand das Gesetz in einem zentralen Moment im Leben der Gemeinde – der eucharistischen Gemeinschaft – empfindlich im Weg.

Dank der Entscheidung in Jerusalem konnte sich die paulinische Mission unter den Heiden mit erstaunlichem Erfolg entfalten. Ohne den Apostelkonvent wäre die junge Gemeinde eine jüdische Sekte geblieben. Als solche hätte sie die Katastrophen im Jahr 70 (Ende des jüdischen Krieges und Zerstörung des Jerusalemer Tempels) und besonders 135 (Zerstörung Jerusalems) wahrscheinlich nicht überlebt.

Den wachsenden Erfolgen in der Heidenmission stand gegenüber, dass die Mission unter den Juden nur mühsam voranging. Das Judenchristentum verlor zunehmend an Bedeutung, bis es schließlich irrelevant wurde. Die Kirche des 2. Jahrhunderts ist durch die Heidenchristen geprägt. Von hier aus nimmt die Entfremdung zum Judentum ihren Ausgang, die so oft negative Folgen für die Geschichte beider Religionen haben wird.

Freiheit in Christus

Die Bedenken der Judenchristen gegenüber einer christlichen Verkündigung ohne Bezug auf das Gesetz sind durchaus nachvollziehbar. Das Gesetz ist nicht primär Pflicht und Zwang, sondern konkrete Hilfe für die eigene Lebensführung und -gestaltung. Wenn dieser Rahmen aber keine Gültigkeit mehr besitzt, an welcher anderen Größe kann man sich dann orientieren? Wie konnten die Heidenchristen ohne das Gesetz überhaupt gottgefällig leben?

Paulus ist diese Problematik nicht entgangen. Er versteht christliches Leben als Ruf zur Freiheit (5,1), aber er übersieht auch nicht die Gefährdungen der Freiheit (5,13). Weil diese Freiheit immer ein Geschenk des Gekreuzigten ist (3,13f; 4,4f), bleibt der Gläubige stets auf den Urheber seiner Freiheit verwiesen. Im Gehorsam soll er auf die Gabe der Freiheit antworten, indem er so lebt, dass er frei bleibt. Um dieses Ziel zu erreichen, verweist Paulus auf zwei wesentliche Elemente:

(1) Die Forderung Gottes an den Menschen subsumiert Paulus unter dem Wort: »Du sollst deinen Nächsten lieben wie dich selbst« (5,14; vgl. Lev 19,18). Die Freiheit konkretisiert sich im Dienst am Nächsten in Liebe (5,13). Im Hinblick auf die angestrebte Lebensgestaltung muss man fragen: Ist die Forderung konkret genug?

(2) Ein zweites Element, das eng mit dem paulinischen Menschenbild verbunden ist, hilft hier weiter. Es ist die Gegenwart und das Wirken des göttlichen Geistes im Menschen. Der Geist ist die Selbstmitteilung Gottes, der sich der Christ im Glauben öffnet, um sein Leben zu gestalten.

Bleibt der Mensch auf sich selbst angewiesen, dann bringt er »Werke des Fleisches« hervor. »Fleisch« meint nicht die Materialität bzw. die Körperlichkeit des Menschen. »Fleisch« bezeichnet vielmehr den ganzen Menschen, wenn er aus seiner Verlorenheit heraus handelt. Die »Werke des Fleisches« (5,19–21) verweisen auf Körperlichkeit und Sexualität, näherhin Unzucht, Unsittlichkeit, Trink- und Essgelage, aber auch ausgesprochen »geistige« Haltungen wie Feindschaften, Streit, Eifersucht, Spaltungen und Parteiungen. Die »Werke des Fleisches« sind Ausdruck der Wirklichkeit des Menschen, wenn er sich in seinem Lebensvollzug dem Anspruch Gottes verschließt.

Es ist bezeichnend, wenn Paulus im Anschluss daran von der »Frucht des Geistes« und nicht von den »Werken des Geistes« spricht (5,22f). Hier ist der Mensch das Feld, in dem der Geist seine vielfältige Frucht bringt. »Geist« markiert in diesem Zusammenhang keinen anthropologischen Begriff, und die

»Frucht des Geistes« partizipiert nicht an der geistigen Sphäre des Menschen. »Liebe, Freude, Friede, Langmut, Freundlichkeit, Güte, Treue, Sanftmut und Selbstbeherrschung« betreffen immer den ganzen Menschen in seinem alltäglichen Erscheinungsbild. Nach diesem Menschenbild ist der Gläubige immer ein »Pneumatiker«, in dem der Geist wohnt und wirkt.

Bekanntlich sind sowohl die »Werke des Fleisches« als auch die »Frucht des Geistes« in den Laster- und Tugendkatalogen stoischer Provenienz vertreten. Paulus fand in diesen Listen von eindeutig und allgemein anerkannten negativen bzw. positiven Haltungen – unabhängig von der Frage, ob er von ihrer Herkunft wusste – die Grundbegriffe vor, mit denen er den Rahmen des christlichen Lebens im Alltag festlegen konnte.

Das bedeutet aber auf keinen Fall, dass Paulus mit diesen Katalogen ein Stück stoischer Ethik übernimmt. Wichtiger als die Haltungen, die immer im Rahmen des Menschlichen bleiben, ist ihm der Grund, der die Haltung motiviert. Diesbezüglich kann der Unterschied zwischen stoischer und gemeindlicher Ethik nicht größer sein; das stoische Menschenbild hat mit dem paulinischen nichts gemein. Auf der einen Seite steht der auf die eigene Kraft angewiesene Mensch, der Freiheit von jedem äußerlichen Zwang sucht. Auf der anderen Seite steht der Gläubige, dessen Freiheit im Dienst der Nächstenliebe ihre Grundlage hat. Er ist nicht der Herr seiner Freiheit. Sie ist zuerst Gabe des Geistes Gottes, auf die er in seiner Lebensführung die notwendige Antwort gibt.

2.7. Der Brief an die Römer

2.7.1. Inhalt und Struktur

Eingang 1,1–7
Vorrede und Grundthese 1,8–17
– Die Offenbarung der Gerechtigkeit Gottes durch das Evangelium zur Rettung aller Menschen 1,16–17
1. Teil: Die Verlorenheit aller Menschen 1,18–3,20
– Die Verlorenheit der Heiden 1,18–32
– Die Verlorenheit der Juden 2,1–11
– Heiden und Juden vor dem Gesetz 2,12–3,20

2. Teil: Die Gerechtigkeit Gottes als rettende Gnade für alle Menschen 3,21–8,39
– Wiederaufnahme der Grundthese 3,21–31
   A. Abraham als Beispiel für die Gerechtigkeit aus Glauben 4,1–25
      Die Gerechtigkeit aus Glauben 4,1–8
      Gerechtigkeit ohne Beschneidung 4,9–12
      Gerechtigkeit ohne Gesetz 4,13–16
      Der gläubige Abraham als Vater aller Glaubenden 4,17–25
   B. Der Sieg des Lebens über den Tod 5,1–21
      Die Gaben des Friedens, der Liebe und der Versöhnung durch den Tod Christi 5,1–11
      Der Tod durch Adam; das Leben und die Gnade durch Christus 5,12–21
   C. Der Sieg der Gnade über die Sünde 6,1–23
      Die Befreiung von der Sünde durch die Taufe 6,1–14
      Freiheit im Gehorsam 6,15–23
   D. Die Befreiung vom Gesetz 7,1–25
      die Freiheit vom Gesetz 7,1–6
      Gesetz, Sünde und Tod 7,7–25
   E. Das Leben unter der Führung des Geistes 8,1–39
      Die Gabe des Geistes 8,1–11
      Der Geist der Kindschaft 8,12–17
      Die Hoffnung auf Herrlichkeit 8,18–30
      Die alles überragende Macht der Liebe Gottes 8,31–39
3. Teil: Israel im Heilsplan Gottes 9,1–11,36
– Paulus und Israel 9,1–5
– Das wahre Israel 9,6–13
– Gottes Freiheit und Erbarmen 9,14–29
– Der Anstoß Israels 9,30–33
– Die Rettung durch die Verkündigung 10,1–15
– Der Ungehorsam Israels 10,16–21
– Der erwählte Rest und die Verblendeten 11,1–10
– Israel und die Heidenchristen 11,11–24
– Die Rettung Israels 11,25–36
4. Teil: Das Leben in der Gnade 12,1–15,13
– Christliches Leben als Gottesdienst im Alltag 12,1–2
– Die Gaben und Dienste in der Gemeinde 12,3–8
– Mahnungen 12,9–21
– Der Christ und die politische Macht 13,1–7
– Das Liebesgebot am Ende der Zeit 13,8–14

2.7.2. Anlass und Zeit

Der Brief dient zur Vorbereitung des Besuchs des Apostels in der römischen Gemeinde (1,10f; 1,15; 15,23), die er persönlich nicht kennt. Er betrachtet seine Tätigkeit im Osten als abgeschlossen (15,23) und will sich darum dem Westen zuwenden. Sein Interesse für einen Besuch hängt mit der Sonderstellung Roms als Hauptstadt des Imperiums zusammen. Paulus hat nicht das Evangelium dorthin gebracht, aber sein Auftrag als Apostel der Heiden verlangt von ihm, dort selbst die Frohbotschaft zu verkünden.

Über die Entstehung der römischen Gemeinde gibt es keine präzisen Informationen. Etwa zu Beginn der 40er Jahre hatten sich einige hellenistische Judenchristen in der Hauptstadt niedergelassen. Als Claudius im Jahr 49 die Juden wegen Unruhestiftung aus Rom vertreiben lässt und als Grund dafür »impulsore Chresto«, d. h. »von Chrestus aufgehetzt«, nennt,[27] setzt diese Maßnahme eine so große Zahl von Christen in dieser Zeit im jüdischen Viertel der Stadt voraus, dass es dort zu tumultartigen Auseinandersetzungen zwischen Römern und Juden kommen konnte; »Chrestus« ist nämlich Christus. Als Ursache der Unruhen kann die christologische Verkündigung der Judenchristen

---

[27] Vgl. Sueton, Vita Claudii 25,4. Auf diese Stelle wurde bereits oben im Zusammenhang mit der Chronologie und mit Paulus' Ankunft in Korinth angespielt: S. o. 23–29, I. 3.1.

vermutet werden, die von den Juden als unerträglich empfunden wurde. War die jüdische Gemeinde in Rom im Jahr 49 noch mehrheitlich von Judenchristen geprägt, so hat sich die Lage sieben oder acht Jahre danach durch die zunehmende Präsenz von Heidenchristen geändert (1,5f; 1,13f; 11,13f; 15,15f).

Paulus plant, die ihm unbekannte Stadt zu besuchen, in der er eine beachtliche Zahl von Mitgliedern der römischen Gemeinde bereits kennt. Das als Anhang wirkende Kap. 16 enthält eine lange Liste von Mitarbeitern und Bekannten. Auffällig ist dabei die Zahl der erwähnten Frauen: Priska und ihr Mann Aquila (vgl. Apg 18,2), Maria, Junia und ihr Mann Andronikus – sie werden »angesehene Apostel« genannt –, Tryphäna und Tryphosa, Persis, Julia und Olympas, die Schwester des Nereus.

In 16,1–2 empfiehlt Paulus der römischen Gemeinde Phöbe, »unsere Schwester«, die als Diakonisse der Gemeinde in Kenchreä tätig war; es handelt sich bei der Ortsangabe um den östlichen Hafen von Korinth, wo besonders die Reisenden aus Kleinasien an Land gingen. Es ist nicht sicher, ob diese Frau, deren Dienst in der Gemeinde sehr geschätzt war – »sie selbst ist Beistand für viele geworden« (16,2) –, den Brief nach Rom mitgebracht hat, aber man darf mit dieser Möglichkeit rechnen.

Ihre Erwähnung sowie die des Erastus, der Stadtkämmerer in Korinth war (16,23), weisen auf Korinth als Entstehungsort des Schreibens hin (vgl. Apg 19,21). Paulus ist dort damit beschäftigt, die Kollekte für die Jerusalemer Gemeinde zu sammeln, um das Geld selbst nach Jerusalem zu bringen (15,25f). Im Anschluss daran war die Reise nach Rom und später auch nach Spanien geplant. Als Entstehungszeit des Röm kommt das Jahr 56 in Frage.

2.7.3. Schwerpunkte und Probleme

Der besondere Charakter des Römerbriefs

Paulus selbst räumt ein, den Römern »zum Teil recht kühn« geschrieben zu haben (15,15). Die Wendung darf man eher als bescheidene Untertreibung ansehen, wie auch die angegebene Absicht, »euch einiges in Erinnerung zu rufen«. Das Schreiben ist vielmehr ein theologisches Dokument ersten Ranges, dessen inhaltliche Dichte eine Herausforderung für jeden Leser darstellt.

Im Unterschied zu den übrigen Briefen entwickelt Paulus seine Theologie nicht als Antwort auf die Probleme der Gemeinde. Es gibt zwar Berührungspunkte zu anderen Briefen,[28] aber der systematische Entwurf ist breiter angelegt. Besonders im Vergleich mit dem Galaterbrief macht sich ein Unterschied im Ton bemerkbar. Die Gestalt Abrahams als Vorbild für die Rechtfertigung nur aufgrund des Glaubens, die Rolle und der Sinn des Gesetzes in der Heilsgeschichte, das Wirken des Geistes, die Sendung des Sohnes – das sind einige der Themen, die den Perspektivenwechsel erkennen lassen. Befreit von der Pflicht, situationsbezogen auf die Lage der Adressatengemeinden einzugehen, kann Paulus jetzt Grundthemen ausführlicher darlegen und in einen großen gedanklichen Zusammenhang stellen. Es ist daher sachlich begründet, den Römerbrief als das »Testament« des Paulus zu betrachten.[29]

Geschichte als Universalgeschichte

Schon die Grundthese des Schreibens, im Evangelium offenbare sich die Gerechtigkeit Gottes zur Rettung aller Gläubigen, zuerst Juden, dann auch Griechen (1,16f), weist auf eine die ganze Menschheit umfassende Dimension hin. »Juden und Griechen« ist nämlich eine Totalitätsformel, die alle Menschen einschließt, die im Bereich der »Oikoumene«, der bewohnten Welt leben.

Zu einer Universalgeschichte gehört nicht nur eine räumliche Dimension, sondern auch eine zeitliche. Die Gegenüberstellung Adam – Christus bringt sie zum Ausdruck: »Wie durch einen Menschen die Sünde in die Welt kam und durch die Sünde der Tod … für alle Menschen« (5,12), »so durch einen die gerechte Tat zur Rechtfertigung, die Leben gibt, für alle Menschen« (5,18). Die ganze Geschichte der Menschheit spielt sich in dem Rahmen ab, der von diesen beiden Gestalten bestimmt

---

[28] Zum Galaterbrief s. o. 74 Anm. 26. Zu Röm 14,1–6 vgl. 1Kor 8,1–13; 10,25 (die Starken und die Schwachen in der Gemeinde); zu Röm 12,4–8 vgl. 1Kor 12,12.14.27 (der Leib und die vielen Glieder); zu Röm 5,13–21 vgl. 1Kor 15,45–49 (die Gegenüberstellung Adam – Christus).

[29] Vgl. G. *Bornkamm*, Paulus, Stuttgart – Berlin [2]1970, 103–111.

ist. Adam repräsentiert alle Menschen, die sich aufgrund des Sündenfalls im Bereich von Sünde und Tod befinden und daher radikal heilsbedürftig sind. Christus hingegen verkörpert den neuen Anfang; seine Hingabe »für uns« (5,8) hat Gnade und Leben bewirkt (5,16–18).

Die universale Sicht der Geschichte zeigt den Einfluss der jüdischen Apokalyptik, welche die Geschichte von ihrem Ende her deutet und deswegen auf das Ganze zurückblickt. Paulus denkt in diesem Schema, aber er übernimmt nicht die apokalyptische Vorstellung eines von Gott herbeigeführten Heils erst jenseits der Geschichte. Das Heil Gottes ist durch die Sendung des Sohnes (8,3f) und durch die Gabe des Geistes (8,2) bereits Wirklichkeit geworden. Damit ist selbstverständlich keine Heilsvollendung gegeben. Heil in der Geschichte bleibt immer im Horizont der Hoffnung (8,24). In dieser Weltzeit warten der Mensch und überhaupt die ganze Schöpfung sehnsüchtig darauf, dass die Herrlichkeit der Kinder Gottes offenbar wird (8,18–23).

Diese Sicht ergibt sich aus der Tragweite des Heilsgeschehens. Offenbart sich im Evangelium die Gerechtigkeit Gottes zur Rettung aller Menschen, hat ein universales Heilsangebot nur einen Sinn, wenn alle Menschen ohne Ausnahme dieses Heils bedürfen. Deswegen folgt der Grundthese 1,16f die Darstellung der allgemeinen Verlorenheit des Menschen 1,18–3,20. Die Feststellung, dass »alle Menschen gesündigt und die Herrlichkeit Gottes verloren haben« (3,23), ist die reale, aber auch logische Voraussetzung für die Verkündigung des Evangeliums von der rettenden Gerechtigkeit Gottes.[30]

Die Rettung Israels am Ende der Zeit

Es ist kein Ausweis orientalischer Übertreibung, wenn Paulus sich wünscht, selbst verflucht und von Christus getrennt zu sein für seine Brüder (9,3). Als er den Römerbrief schreibt, zeichnet sich schon deutlich ab, dass der maßgebliche Teil Israels die christliche Verkündigung ablehnt. Dem Juden Paulus, dem Apostel der Heiden, ist diese Entwicklung nicht gleichgül-

---

[30] S. u. 91–93, III. 2.

tig. Was ihn dabei bewegt, ist jedoch viel mehr als nur echte Solidarität mit seinem eigenen Volk. Im Hintergrund steht die bedrückende Frage nach dem Sinn der Heilsgeschichte, wenn Israel am Ende verlorengeht, weil es nicht zum Glauben an Jesus kommt. Die große Texteinheit Röm 9–11 setzt sich mit dieser Frage auseinander.

Eine Antwort darauf konnte es nur in der Schrift geben. Paulus zieht 29 Stellen heran, um das Unbegreifliche irgendwie doch verständlich zu machen. Der Stil des fiktiven Gesprächs (9,14.19.30.32; 11,1.7.11.19) lässt das Ringen um eine Antwort durchblicken, bei dem ständig Einwände entkräftet und neue Wege der Argumentation gesucht werden müssen.

Erwählung und Verwerfung, Treue und Freiheit Gottes, Verkündigung der Heilsbotschaft und Gehorsam, die Rolle der Heiden in der Heilsgeschichte – dies sind die in diesem Abschnitt erörterten Themen, bis Paulus die Bekanntmachung eines Geheimnisses verkündet, das eine überraschende Antwort auf die gestellte Frage enthält (11,25–27): Die Verstockung wird solange auf einem Teil Israels lasten, bis die volle Zahl der Heiden zum Glauben gekommen ist. Die Bekehrung der Heiden wird zur Bedingung, dass Israel von Gott gerettet wird. Nicht Israel wird das Heil den Heiden vermitteln (Jes 2,3), sondern umgekehrt. Erst dann wird der Erlöser aus Zion kommen und die Gottlosigkeiten aus Jakob entfernen (11,26).

Die Antwort erscheint als Offenbarung eines endzeitlichen Geheimnisses. Aber auch in dieser Qualität handelt es sich um Theologie, d. h. um menschliches Bemühen, in den Rätseln der Geschichte den Willen Gottes zu erkennen. Auch Paulus weiß von der Gültigkeit und den Grenzen der von ihm gegebenen Antwort. Er hinterfragt sie nicht, aber ihre Verbindlichkeit gilt nicht uneingeschränkt. Am Schluss muss er nämlich einräumen, dass die Entscheidungen Gottes unergründlich und seine Wege unerforschlich sind (11,33). Zu diesem Bereich des dem menschlichen Erkenntnisvermögen Entzogenen gehört das Schicksal Israels am Ende der Zeit. Was Paulus dazu sagen kann, hat er in diesen Kapiteln gesagt. Am Ende der Theologie bleibt nach wie vor das Geheimnis bestehen. Es wäre vermessen zu meinen, dieses entschlüsseln zu können. Es wäre aber auch verfehlt, am Geheimnis irre zu werden. Man kann mit dem Propheten fragen (11,34): »Wer hat die Gedanken des Herrn erkannt?« Der Glaube Israels gibt darauf eine angemessene Antwort, und Paulus macht sie sich in einer doxologischen Schlussformel zu eigen: das Lob: »Denn aus ihm und durch ihn und auf ihn hin ist die ganze Schöpfung. Ihm sei Ehre in Ewigkeit! Amen« (11,36).

III. Grundlinien der paulinischen Theologie

Wir besitzen einen Zugang zur Theologie des Paulus nur durch seine Briefe. Daraus ergeben sich zwei Konsequenzen, die bei der Herausarbeitung der Grundlinien paulinischer Theologie zu berücksichtigen sind:

(1) Die Briefe insgesamt vermitteln kein systematisches Ganzes. Abgesehen vom Römerbrief sind alle Schreiben stark durch die jeweilige Situation bzw. konkrete Anlässe bedingt und geprägt. Die theologischen Inhalte treten in Gelegenheitsschreiben fragmentarisch zutage und beziehen von dort ihren Sinn. So ist einer brieflichen Anfrage der Korinther (1Kor 7,1) die Stellungnahme des Paulus zu verschiedenen Fragen über Ehe und Sexualität zu verdanken. Weil er von Missständen in den liturgischen Versammlungen erfährt, kennen wir die Überlieferung eines eucharistischen Einsetzungsberichts in seinen Gemeinden (1Kor 11,23–25). Dies sind positive Beispiele. Was aber hat Paulus gedacht und verkündet, das nicht schriftlich festgehalten wurde, weil sich dazu kein Anlass bot? Wären die Verhältnisse in Korinth im Sinn des Paulus in Ordnung gewesen, wüssten wir viel weniger über Zusammensetzung und Stimmung einer urchristlichen Gemeinde.

(2) Das Verstehen von echten Briefen erfordert einen besonderen hermeneutischen Vorgang. Nicht nur den historischen Hintergrund gilt es zu berücksichtigen, es geht darüber hinaus auch um die Rekonstruktion der Kommunikationssituation zwischen dem Schreiber und den Empfängern des Schreibens. Der Durchgang durch die Paulusbriefe hat schon offengelegt, mit wie vielen unbekannten Faktoren in dieser Kommunikationssituation jeder Versuch einer präzisen Rekonstruktion rechnen muss. Wir besitzen ja nur die Briefe des Paulus, und diese sind notwendigerweise »einseitig«. Viele seiner Grundideen lassen sich allerdings auch über die Bedingtheit der kon-

kreten Briefsituation hinaus erfassen; andere Abschnitte, besonders polemische Passagen, entziehen sich weitgehend der Bestimmung des situativen Kontextes.

Innerhalb dieser Grenzen nehmen die folgenden Themen, welche die wichtigsten Grundlinien paulinischer Theologie aufzeigen möchten, einiges von dem wieder auf, was bereits bei der Darstellung der Schwerpunkte der Briefe angesprochen wurde.

1. Das Kreuz, Ärgernis und Quelle der Gnade

Ärgernis und Torheit für die Verlorenen, Kraft und Weisheit für die Gläubigen, das sind die entgegengesetzten Begriffe, in denen sich die Reaktionen auf das Wort vom Kreuz artikulieren (1Kor 1,18–25). Worin besteht aber das Heilsgeschehen des Kreuzes? Die erwähnten menschlichen Reaktionen auf die Verkündigung des Gekreuzigten drücken den Sinn des Geschehens nicht aus. Die entscheidende Stelle hierfür ist Gal 3,13: »Christus hat uns vom Fluch des Gesetzes freigekauft, indem er für uns zum Fluch geworden ist; denn es steht geschrieben: Verflucht ist jeder, der am Pfahl hängt.«

Paulus zitiert hier das Schriftwort Dtn 21,23. Wie ist das Zitat an dieser Stelle zu verstehen? Nach der Vollstreckung der Todesstrafe bei schwerem Verbrechen wurde der Hingerichtete an einem Baum bzw. an einem Pfahl aufgehängt. Die Maßnahme, die als Abschreckung ähnlicher Taten und zum Beweis des geltenden Rechts diente, sah auch vor, dass die Leiche nicht über Nacht am Pfahl hängen bleiben durfte; noch am gleichen Tag musste man sie begraben. Der Gehängte war nämlich ein von Gott Verfluchter. Würde seine Leiche über Nacht am Pfahl hängen bleiben, hätte dies die Verunreinigung des Landes zur Folge. Der Tote gehört nicht mehr in den Bereich der Lebenden. Seinen Frieden kann er nur finden, wenn er begraben ist; ansonsten entwickelt sich eine für die Lebenden unkontrollierte gefährliche Dynamik, etwa durch die Verunreinigung des Landes.

Die Schriftstelle handelt nicht von einer Kreuzigung, sondern vom Aufhängen eines Hingerichteten. Die Kreuzigung als

Hinrichtungsart wurde im Judentum bis zur Regierungszeit Alexander Jannäus', dem hasmonäischen König (103–76 vC.), nicht praktiziert. Von ihm berichtet der jüdischer Historiker Josephus Flavius[1], er habe wegen Volksverrat 800 Menschen mitten in Jerusalem ans Kreuz binden lassen. Auf diesen König bezieht sich der Nahum-Kommentar, der in Qumran gefunden wurde: »als er Menschen lebendig aufhängte«.[2]

Zu dieser Zeit erhält das Schriftwort Dtn 21,23 eine neue Deutung. Das Wort bezieht sich nun nicht mehr auf zuvor Hingerichtete und Aufgehängte, sondern auf Gekreuzigte. Die Tempelrolle aus Qumran belegt die neue Verwendung: »Wenn ein Mann ein Verräter ist gegen sein Volk, und sein Volk an ein fremdes Volk ausliefert, und er fügt seinem Volk Böses zu, dann sollt ihr ihn auf das Holz hängen, sodass er stirbt … Aber man darf ihre Leichname nicht auf dem Holz hängen lassen …, denn Verfluchter Gottes und der Menschen ist einer, der auf dem Holz hängt« (11 QT 54, 13–19).

Wenn Paulus Dtn 21,23 in Gal 3,13 zitiert, übernimmt er die Deutung, die unter dem Einfluss der Ereignisse in der Zeit des Alexander Jannäus im Judentum gängig war: Der Gekreuzigte ist ein Verfluchter Gottes und der Menschen. Sehr wahrscheinlich wurde das Schicksal Jesu, des Gekreuzigten, von den Juden auch unter diesem Aspekt gesehen. Die Kreuzigung, die bei den Römern die übliche Todesstrafe für Aufständische war, erhält aus dieser Perspektive eine »theologische« Deutung. Sie war nicht nur die schlimmste und schändlichste Todesart, die es in der antiken Gesellschaft gab, sie war ebenso Zeichen für die denkbar größte Entfernung aus dem göttlichen Bereich, für Gottes unwiderrufliche Ablehnung.

»Segen« und »Fluch« sind entgegengesetzte Begriffe. Sie werden meist nur als verbale Ausdrücke aufgefasst: Segen ist »bene-dictio«, Fluch ist »male-dictio«. Die gemeinte Sache geht weit über den Bereich des Sprachlichen hinaus, auch wenn sie durch Worte vermittelt wird. So wie der Segen mit Le-

---

[1] Der jüdische Krieg 1, 97.
[2] Vgl. 4 QpNah 1, 7f.

ben und mit all dem, was Gott annimmt und beschützt, zusammenhängt, stellt demgegenüber der Fluch die negative Seite dar: die Gottesferne, die den Zorn Gottes auf sich zieht.

Nach der Deutung des Paulus gibt es einen Moment in der Geschichte, in dem der Fluch eine einmalige Verdichtung und Konkretisierung erfährt, als würde man sagen können: »Das ist der Fluch.« Dieser Moment ist die Stunde des Kreuzes. Man kann davon ausgehen, dass auch Paulus die zeitgenössische Deutung des Wortes Dtn 21,23 gekannt hat. War dies für ihn, den frommen Pharisäer, zunächst ein stichhaltiger Grund, um jene Juden zu verfolgen, die einen Gekreuzigten als den Messias Israels verkündeten, erwies sich die Gestalt des Gekreuzigten nach der »Offenbarung des Sohnes« als die Mitte seiner Verkündigung von Gott, als die Mitte seiner Theologie.

In Gal 3,13 nimmt Paulus die Herausforderung der jüdischen Kritik gegenüber dem Glauben an einen gekreuzigten Messias, der für sie in Wirklichkeit ein von Gott Verfluchter ist, mit der ihm eigenen Kühnheit an. Der Verfluchte kann die anderen Verfluchten aus dem Fluch nur dann befreien, wenn er selbst ganz zum Fluch wird, sodass sich der Fluch auf ihn konzentriert. Vorausgesetzt wird dabei, dass der auf dem Verfluchten liegende Fluch beseitigt werden kann. Diese Voraussetzung konkretisiert sich in der Tat Gottes, der den Verfluchten nicht sich selbst überlässt, sondern ihn ganz annimmt, zu sich aufnimmt und zum Leben erweckt.

Durch die Hingabe des Sohnes am Kreuz und durch die angedeutete Tat Gottes realisiert sich die Befreiung aus dem Bereich des Fluches, indem er »für uns« zum Fluch (κατάρα) geworden ist, und der Segen (εὐλογία) Abrahams in Christus den Gläubigen geschenkt wird (3,14).

Ein Blick auf 2Kor 5,21 kann das Gesagte untermauern: »Er hat den, der keine Sünde kannte, zur Sünde gemacht«. Im Vergleich hierzu ist die Ausdrucksweise in Gal 3,13 zwar drastischer und bildreicher, die gemeinte Sache ist jedoch die gleiche. Die denkbar größte Negativität – die Sünde bzw. der Fluch –

wird im Kreuz Jesu Wirklichkeit und wird zu denkbar größter Positivität – Gerechtigkeit Gottes bzw. Segen.

Fragt man nicht nur nach dem historischen Hintergrund der paulinischen Aussage in Gal 3,13, sondern auch nach ihrer sachlichen Bedeutung, dürfte die Antwort in etwa lauten: Kein Mensch vermag sich von Gott so weit zu entfernen, dass er nicht durch das Kreuz eingeholt werden kann. Mag der Mensch die tiefste Negativität erfahren, liegt diese Negativität nie so tief, dass sie nicht ins Positive gewandelt werden könnte. In der Kreuzestheologie des Paulus liegt die Hoffnung begründet, die sich gerade als Hoffnung gegen jede Hoffnung behauptet.

2. Die Gerechtigkeit Gottes

Der Begriff »Gerechtigkeit« wird in unserer heutigen Zeit vor allem ethisch-juridisch verstanden, was wenig mit dem biblischen und paulinischen Verständnis des Terminus gemein hat. Gerecht ist etwa der Lohn, der für eine entsprechende Leistung bezahlt wird; gerecht ist die Teilung einer bestimmten Größe in kleinere, gleichgroße Teile, wenn dies im Voraus vereinbart wurde. Gerechtigkeit hängt in diesen Fällen mit einem angemessenen Verhältnis zusammen.

In den Paulusbriefen kommt die Wendung »Gerechtigkeit Gottes« nur im Römerbrief besonders häufig vor (Röm 1,17; 3,5; 3,21; 6,13; 10,3; vgl. auch 2Kor 5,21). Inhaltlich lässt sie sich durch folgende Elemente charakterisieren:

- Die *Gerechtigkeit Gottes* betrifft zuerst Gott selbst, indem er bestimmt, worin seine Gerechtigkeit besteht. Andere Auffassungen von Gerechtigkeit behalten ihre Gültigkeit, um das Zusammenleben der Menschen zu regeln, aber sie dürfen das Verständnis von der Gerechtigkeit Gottes nicht beeinflussen.
- Gerechtigkeit ist nicht nur eine Eigenschaft Gottes, sondern meint sein gesamtes Heilshandeln. Gott offenbart seine Gerechtigkeit durch die Vergebung der Sünden, indem er den gerecht macht, der an Jesus glaubt (Röm 3,25). Dadurch vollzieht sich die *Rechtfertigung* des Menschen.

- Die Gerechtigkeit Gottes ist nicht durch eine grundsätzliche Verhältnismäßigkeit definiert – wie bei der menschlichen Gerechtigkeit –, sondern durch gnadenhaftes Handeln.[3] Sie ist eine rettende Gerechtigkeit, welche die Verurteilung des Menschen aufgrund seiner Gottlosigkeit aufhebt (Röm 8,1).
- Dies findet im Kreuz Jesu seinen endgültigen und unüberbietbaren Ausdruck. Die durch die Vergebung der Sünden geschenkte Gnade und das Leben sind die Gaben der Gerechtigkeit (Röm 5,17), die sich durch den Tod Jesu realisiert haben.
- Verdichtet sich im Römerbrief der Gebrauch von »Gerechtigkeit Gottes«, bedeutet dies nicht, dass Paulus hier zum ersten Mal die damit gemeinte Sache thematisiert. 2Kor 5,20f zeigt den ursprünglichen Zusammenhang, in dem die Wendung ihren Sinn erhalten hat. Zugleich zeigt sich auch die Kontinuität des paulinischen Denkens in der Vielfalt der Ausdrucksmöglichkeiten. Es heißt dort: »Lasst euch mit Gott versöhnen: Er hat den, der keine Sünde kannte, für uns zur Sünde gemacht, damit *wir in ihm Gerechtigkeit Gottes* würden.« Der Ort des Geschehens ist das Kreuz, an dem Jesus »für uns zum Fluch wurde« (Gal 3,13). Das wiederholte *für uns* weist auf das Sühnopfer als Grundmotiv der Deutung des Kreuzestodes hin. An diesem Ort wurde den sündigen Menschen die Gerechtigkeit Gottes geschenkt. Im alttestamentlichen Kult sollte die Opfergabe eines Tieres Sühne für die Sünden des Volkes erwirken (Lev 8,14–17; 12,6–8; 16,5–16), nun ist das Deutungsmodell die Hingabe Jesu am Kreuz; hier erweist sich die Liebe Gottes zu den Menschen (Röm 5,8).
- Der Gebrauch des Begriffs der *Sühne* ist in diesem Zusammenhang also religionsgeschichtlich vorbelastet und daher auch missverständlich. Die Sühne bezeichnet eine Handlung des Menschen, welche die Gottheit gnädig stimmt. Durch Opfer und Gebet hofft der Mensch, den zornigen Gott freundlich und heiter zu stimmen; die neutestamentlichen Aussagen hierzu sind eindeutig. Nach Röm 3,25 (vgl. auch

---

[3] Wie sich die von der Güte inspirierte Gerechtigkeit auswirkt, drückt Jesus in der Erzählung von den Arbeitern im Weinberg aus (Mt 20,1–16).

1Joh 2,2; 4,10) geht die Initiative nun aber nicht mehr von Menschen, sondern von Gott aus: Gott selbst hat seinen Sohn zum Sühneopfer durch den Tod am Kreuz bestellt: »Ihn hat Gott dazu bestimmt, Sühne zu leisten mit seinem Blut, Sühne wirksam durch Glauben. So erweist Gott seine Gerechtigkeit durch die Vergebung der Sünden, die früher, in der Zeit seiner Geduld, begangen wurden.« Das »durch den Glauben« verweist dabei auf die einzige Sichtweise des Menschen, in der sich die Bedeutung des Geschehens am Kreuz erschließt.

3. Der Mensch

Das Menschenbild des Paulus ist nicht durch seine hellenistische Herkunft geprägt, sondern durch seine Verwurzelung in der Schrift sowie seine christliche Glaubenserfahrung. Das bedeutet aber gewiss nicht, dass die griechischen Kategorien, in denen er denkt und schreibt, keinerlei Spuren hinterlassen hätten, sondern dass die Grundzüge seiner Anthropologie nicht aus dem Hellenismus, sondern aus der biblischen und der judenchristlichen Überlieferung heraus zu verstehen sind.

Der Mensch wird nicht an sich betrachtet, sondern immer innerhalb des Beziehungsgeflechts, das seine Existenz bestimmt. Der zentrale Bezugspunkt dabei ist nicht der Mensch, sondern Gott. Unter diesen Voraussetzungen werden jene Grundbegriffe berücksichtigt, die Aspekte der menschlichen Wirklichkeit ausdrücken.

3.1. Die Hauptbegriffe

Ein rechtes Verständnis der paulinischen anthropologischen Begriffe wird dadurch erschwert, dass der Apostel verschiedene Termini gebraucht, um ein gleiches Objekt zu bezeichnen. Der Mensch wird dabei immer als Einheit verstanden.[4]

---

[4] Die folgende Übersicht beschränkt sich auf die wichtigsten Begriffe und Stellen, ohne Vollständigkeit anzustreben.

- *Geist* (πνεῦμα) im anthropologischen Sinn meint das menschliche Ich (vgl. 1Kor 16,18: »Sie haben meinen Geist und euren Geist erquickt« = »Sie haben mich und euch ...«; vgl. 1Kor 5,3f; Gal 6,18; Phil 4,23; Phlm 25). An einigen Stellen kommt darüber hinaus das Moment des bewussten Subjekts zum Tragen (vgl. Röm 8,16: »Der Geist [Gottes] bezeugt unserem Geist ...«; vgl. 1Kor 2,11; 14,14). Der Geist erscheint in 1Kor 7,34 gemeinsam mit dem Leib, in 1Thess 5,23 gemeinsam mit der Seele und dem Leib. In all diesen Belegstellen wird durch Geist der ganze Mensch bezeichnet.

- *Seele* (ψυχή) meint das menschliche Leben (Röm 2,9; 13,1; 16,4; 2Kor 1,23; 1Thess 2,8). Das Adjektiv »psychisch« (ψυχικός) tritt jeweils immer im Gegensatz zu »pneumatisch«, »geistig« (πνευματικός) (1Kor 2,14; 15,44.46) auf. Es ist die menschliche Wirklichkeit in ihrer irdischen Begrenztheit (im Vergleich zu ihrer möglichen Bestimmung), wenn sie von Gottes Geist erfüllt wird.

- Der Begriff *Leib* (σῶμα) bedeutet nicht Leiblichkeit im Unterschied zu einem geistigen Prinzip wie »Geist« oder »Seele«. Grundsätzlich bezeichnet »Leib« den Menschen in seiner konkreten Erscheinung (vgl. Röm 6,6.12; 12,1; 1Kor 9,27; 13,3; 2Kor 10,10; Phil 1,20). In dieser Eigenschaft ist der Leib der Sitz der Sexualität (Röm 1,24; 4,19; 1Kor 7,4); an ihm zeigen sich äußere Merkmale (Gal 4,13; 6,17). Der Leib spiegelt die Befindlichkeit der Gläubigen in der Welt (Röm 6,12; 7,24; 8,11; 2 Kor 4,10; Phil 1,20; 3,21). – Menschliche Vollendung ohne Leib ist für Paulus unvorstellbar.[5] In der Frage nach der Beschaffenheit des auferstandenen Leibes (1Kor 15,35–49) behauptet Paulus die Kontinuität mit dem irdischen Leib durch die Kontinuität des Subjektes, also nicht der materiellen Qualität des Leibes. Der Ausdruck »geistiger Leib« (1Kor 15,44) weist auf eine ganz andere Qualität der auferstandenen Leiblichkeit hin, die auf das Wirken des göttlichen Geistes zurückgeht.

---

[5] 2Kor 5,8 ist wohl im Zusammenhang mit Phil 1,23 zu verstehen und nicht als Ausdruck hellenistischen Einflusses.

- *Fleisch* (σάρξ) bezeichnet einen Bereich, der in unterschiedlichen Graden negativ geprägt ist. Das »Leben im Fleisch« (2Kor 10,3) ist die irdische Existenz in der Bewährungszeit des Glaubens (Gal 2,20; Phil 1,22). Die Wendung »gemäß dem Fleisch« weist auf den Bereich des Irdischen hin (Röm 1,3; 4,1; 9,3.5; 1Kor 1,26; 10,18; 2Kor 5,16; Gal 4,23), der aber auch im feindlichen Gegensatz zum göttlichen Bereich stehen kann (Röm 8,4f; Gal 4,29). Das Fleisch wird zur Wirklichkeit, in dem sich die Macht der Sünde offenbart (Röm 7,17f.25; 8,3f), die zum Tod führt (8,13). Der Mensch, der nicht vom Geist Gottes geführt wird, spürt in sich das Trachten des Fleisches (Gal 5,16f), das sich schließlich in den Werken des Fleisches konkretisiert. Fleisch bezeichnet hier den gefallenen Menschen, der in seiner Lebensart seine Zugehörigkeit zum Bereich der Verlorenheit unter Beweis stellt.
- *Verstand* bzw. *Denken* werden mit νοῦς ausgedrückt, der Fähigkeit zum Verstehen und Urteilen. Die Zungenrede mit ihren unartikulierten Lauten bringt dem Verstand keine Frucht. In der Erfahrung der eigenen Verlorenheit erkennt der Mensch, dass die Forderung der Vernunft im Widerstreit mit dem »Gesetz« der Sünde liegt (Röm 7,23).
- Durch das *Gewissen* (συνείδησις) kann der Mensch über sich selbst urteilen, und zwar im Hinblick auf sein Handeln und seine Entscheidungen. Das Gewissen ist die innere Überzeugung (vgl. Röm 2,15; 13,5; 1Kor 8,7.10.12; 10,25–29), in der die eigene Integrität bewahrt wird (2Kor 1,12).

3.2. Der Mensch in der Welt

Paulus denkt den Menschen in seiner Geschöpflichkeit im Rahmen einer Geschichte, die sich im Spannungsfeld konträr agierender Mächte ereignet. Es handelt sich dabei nicht um einen Dualismus, in dem sich Gut und Böse bekämpfen. Allein Gott ist der allmächtige Herr seiner Schöpfung. Aber nach der Übertretung des ersten Menschen wirkt in diese Geschichte die Macht der Sünde und des Todes hinein (Röm 5,12).

Der Gott Israels überlässt den Menschen nicht der eigenen Schuld. Die Haltung Abrahams offenbart den Weg des Heils, der nicht nur für Israel, sondern für alle Menschen gültig bleiben wird (Röm 4,11f). Überhaupt stehen die Gaben Gottes an Israel als Beweis für seinen Heilswillen (9,4f). Paulus betrachtet aber Geschichte aus christologischer Perspektive. Deswegen ist die Zeit des Gesetzes nur eine Etappe, die mit der Sendung des Sohnes zu Ende gegangen ist (10,4). Im Verhältnis zu dieser »erfüllten Zeit« (Gal 4,4) ist die Zeit vor Christus nur Erwartung und Vorbereitung auf die Erfüllung der Verheißung (3,21–25).

Das Heilsgeschehen im Kreuz Jesu (3,13) wirkt sich als Macht der Gnade und des Lebens aus, die den Menschen aus der Sklaverei der Sünde und des Todes befreit, um ihn zum Sklaven der Gerechtigkeit zu machen (Röm 6,17–23). Freiheit im Sinn von Autonomie kann es nach diesem Schema nicht geben. Freiheit entsteht nur dann, wenn sich der Mensch ganz dem Anspruch der einzig befreienden Macht stellt (6,12–14).

Durch die Taufe nimmt der Mensch teil am Heilsgeschehen des Kreuzes (Röm 6,3–5). Durch die Vergegenwärtigung des vergangenen Ereignisses in der sakramentalen Handlung vollzieht sich die Gemeinschaft mit dem Tod Christi, aus dem neues Leben hervorgeht (6,6–11).

Die ethische Forderung (6,12–14) ist die notwendige Antwort auf die gnadenhaft empfangene Gabe. Die Zeit der Gnade ist die Zeit der Hoffnung, in der sich der Glaube zu bewähren hat (Röm 8,24f). Das unerschütterliche Vertrauen, dass Gott die Berufenen rettet (8,28–30) und dass die Macht seiner Liebe größer als jede andere Macht ist (8,31–39), hebt weder die Geschichtlichkeit der christlichen Existenz auf noch entbindet es den Gläubigen von ihrer Verantwortung, so zu leben, wie es dem Geschenk der Gnade entspricht.

3.3. Der Mensch und das Gesetz

Die Aussagen des Paulus zum jüdischen Gesetz bewegen sich zwischen zwei Extremen: Einerseits ist das Gesetz heilig und gut (Röm 7,12f) und vom Geist getragen (Röm 7,14), andererseits wird das Gesetz dem Glauben entgegengestellt (Gal 3,12) und es bringt den Fluch mit sich (Gal 3,13).

Gerade Gal 3 und Röm 7 zeigen, dass Paulus sich der Polarität seiner Aussagen bewusst ist.[6] In beiden Kapiteln versucht er zu erklären, was die Gabe des guten und heiligen Gesetzes zum Ziel hatte und warum dieses Ziel durch die Macht der Sünde nicht erreicht werden konnte. Anstatt den Weg des Menschen vor Gott zu sichern, damit er sich davon nicht abbringen lässt (Gal 3,19), markiert das Gesetz Grenzen und setzt damit im Menschen den Wunsch frei, die Grenzen des Gesetzes zu übertreten (Röm 7,7–11). Die Sünde hat die Pervertierung des ursprünglichen Sinnes des Gesetzes verursacht; eben darin zeigt sie sich im vollen Ausmaß als Sünde (7,13).

Damit ist aber der Zusammenhang von Gesetz und Fluch noch nicht erklärt (Gal 3,13). In welchem Sinn stehen die Menschen, die »aus den Werken des Gesetzes« leben, unter dem Fluch (Gal 3,10)?

Die Antwort auf diese Frage greift auf das im vorigen Punkt Gesagte zurück: Der Mensch in der Welt ist immer einer bestimmten Macht untergeordnet. Wer sein Heil durch die strenge Beobachtung des Gesetzes sucht, glaubt zugleich an seine eigene Fähigkeit, dies erreichen zu können. In dieser Haltung

---

[6] Das bedeutet nicht, dass die Frage nach dem Gesetz, die derart deutlich erst in diesen Briefen thematisiert wird, für Paulus eine neue Frage gewesen wäre, worüber er vorher nicht nachgedacht hätte. Es ist richtig, dass in den früheren Briefen eindeutige Aussagen dazu fehlen, aber das ist wohl dem situationsbezogenen Kontext der Briefe geschuldet. Für einen eifrigen Pharisäer wie Paulus, war die Frage nach dem Gesetz nicht eine Frage unter vielen anderen, sondern die Frage schlechthin. Man geht nicht fehl in der Annahme, dass die »Offenbarung des Sohnes« ihm die grundlegende Antwort auf diese Frage gab: Nur durch den Gekreuzigten wird den Gläubigen ein für allemal das Heils Gottes geschenkt. Das Gesetz behält seine Gültigkeit als Sitte und Brauchtum, aber nicht länger als Heilsweg. Diese Grundgewissheit musste er nicht immer wieder zum Ausdruck bringen. Als jedoch judaisierende Christen in galatischen Gemeinden dem Gesetz neu Gültigkeit verleihen wollten, zögerte er nicht mit seiner Antwort und schließlich konnte Paulus im Brief an die Römer in anderer, umfassenderer Weise auf die Frage eingehen.

löst er sich von der befreienden Macht des Gekreuzigten. Die eigenen Werke, die ihm beweisen, wie er gerecht vor Gott leben kann, genügen. Der letzte Halt für sein Vertrauen vor Gott bleibt somit er selbst.

Dieser Anspruch an das eigene Vermögen macht einen rettenden Gott schlechthin überflüssig. Die Existenz Gottes wird nicht geleugnet, wohl aber seine Wahrheit negiert. Die Gestalt Gottes wird instrumentalisiert, um die Bemühungen zur eigenen Selbsterlösung zu rechtfertigen.[7] Darin besteht der Fluch, der über all jenen liegt, die mit dem Gesetz leben.

3.4. Die Hoffnung der Gläubigen

Im Hinblick auf die Vergangenheit des Paulus als Pharisäer ist die Auferstehungshoffnung ein konstitutives Element seines Glaubens.[8] Die Erfahrung mit dem Gekreuzigten und Auferstandenen bringt eine wichtige Korrektur dieses Glaubens mit sich, ohne an seinem Grundinhalt etwas zu ändern: Die Auferstehung der Toten als endzeitliches Geschehen wurde in der Gestalt Jesu vorweggenommen: »Nun aber ist Christus von den Toten auferweckt, als Erstling der Entschlafenen« (1Kor 15,20). Darum ist er »der Erstgeborene von vielen Brüdern« (Röm 8,29; vgl. Kol 1,18; Offb 1,5). Die äußerst kühne Behauptung, Jesus sei der Erste der Auferstandenen, wird durch die Umstände seines Todes zusätzlich verschärft. Es war nicht der erhabene Tod eines Opfers für die Wahrheit, wie etwa bei Sokrates, sondern der Tod eines Gekreuzigten, eines von Gott Verfluchten. Nach dem christlichen Bekenntnis hat Gott den Gekreuzigten aber selbst aus den Fesseln des Todes befreit und ihn in seine Herrlichkeit aufgenommen.

Im Folgenden soll es um die Frage gehen: Gab es eine Entwicklung in der paulinischen Eschatologie?

---

[7] Die Erzählung vom Pharisäer und Zöllner im Tempel bringt die Sache höchst prägnant auf den Punkt (Lk 18,9–14): Der Pharisäer ist ein Vorbild in der Erfüllung seiner religiösen Pflichten; er geht aber nicht als Gerechter nach Hause, weil er keinen rettenden Gott braucht.

[8] Vgl. dazu die entsprechenden Abschnitte zu 1Thess, Phil und 1Kor.

Unterzieht man die Aussagen in 1Thess 4,13–17; Phil 1,21–23; 3,20f; 1Kor 15; 2Kor 5,1–10; Röm 13,11f einem Vergleich, fallen die Unterschiede in der Ausdrucksweise und im Inhalt der Aussagen sogleich auf. Nach 1Thess 4,13–17 werden am Ende der Zeit die Lebenden gemeinsam mit den Auferstandenen »auf den Wolken in die Luft entrückt werden« (4,17). Ohne auf den apokalyptischen Hintergrund zu verzichten, präzisiert Paulus demgegenüber in 1Kor 15,51 in der Sprache der Offenbarung: »Wir werden nicht alle entschlafen, aber wir werden alle verwandelt werden«. Diese Verwandlung bedeutet das Ende des Vergänglichen und des Sterblichen, indem die Verstorbenen und die Lebenden mit Unvergänglichkeit und Unsterblichkeit »bekleidet« werden (1Kor 15,53f; vgl. Phil 3,21). In den anderen angegeben Texten geht das apokalyptische Element stark zurück oder ist nicht mehr vorhanden.

Die Frage lautet demnach: Hat Paulus seine durch und durch »konkrete«, durch die Naherwartung getragene Eschatologie, wie sie in 1Thess, 1Kor und Phil 3,21 zum Ausdruck kommt, allmählich so spiritualisiert, dass er sich am Ende nur noch sehr allgemein dazu äußert? Ein Beispiel dafür wäre Röm 13,11f: »Denn die Stunde ist da, vom Schlaf aufzuwachen. Unser Heil ist nämlich viel näher als damals, da wir gläubig wurden. Die Nacht ist vorgerückt, der Tag ist nahe.«

Das herausragende Denkvermögen des Paulus, das in den Briefen immer wieder zum Ausdruck kommt, macht eine »Entwicklung« seiner eschatologischen Anschauungen, durch die Paulus grundlegende frühere Positionen modifizieren würde, sehr unwahrscheinlich. Paulus schöpfte aus der reichen jüdischen und christlichen Überlieferung und antwortete jeweils konkret auf Anfragen oder reagierte auf Probleme in den Gemeinden; vor diesem Hintergrund erklären sich die unterschiedlichen Akzentsetzungen in der eschatologischen Thematik.

In christologisch-anthropologischer Umdeutung der Rede von der Schöpfung am Ende der Welt, die der apokalyptischen Tradition entstammt, behauptet Paulus, dass der Gläubige in Christus schon jetzt eine »neue Schöpfung« ist (2Kor 5,17; Gal 6,15). Christliche Hoffnung geht über die nur anthropologische Dimension hinaus und umfasst die ganze Schöpfung. Es ist richtig, dass die Schöpfung »von der Knechtschaft der Vergänglichkeit zur Freiheit der Herrlichkeit der Kinder Gottes befreit wird« (Röm 8,21), wobei letztendlich der Mensch der Bezugspunkt der Aussage bleibt; der apokalyptische Horizont der Vorstellung einer neuen Schöpfung jedoch bewahrt die Hoffnung auf Vollendung vor einer anthropologischen Engführung.

Exkurs: Die »neue Paulusperspektive«

Mit dem zuletzt genannten Aspekt wird eine Tendenz der Forschung bezeichnet, die in der Diskussion um das paulinische Verständnis von Judentum und Gesetz in den letzten Jahrzehnten eine beachtliche Rolle gespielt hat.[9] Das »Neue« bei diesem Ansatz äußert sich in der kritischen Distanz zunächst gegenüber einer negativen Sicht des Judentums als Religion des Gesetzes und der Werkgerechtigkeit, sodann gegenüber einem individualistischen Verständnis der Rechtfertigung. Im Gegensatz dazu wird in der »neuen Paulusperspektive« das Judentum als die Heilsgemeinde charakterisiert, die durch die Erwählung und den Bund mit Gott entstanden ist. Die Zugehörigkeit zu dieser Heilsgemeinde ist Resultat eines gnadenhaften Geschehens, das alle Juden einschließt. Dieser als »Bundesnomismus« *(covenantal nomism)*[10] gekennzeichnete Sachverhalt verlangt von den Gläubigen die dazu entsprechende ethische Haltung, die sich in den notwendigen Werken äußert, aber diese Werke öffnen nicht den Weg zum Heil. Sie sind erforderlich, um den Bund mit Gott immer wieder zu bestätigen und in der Heilsgemeinde

---

[9] Der Titel eines Aufsatzes von *J.D.G. Dunn*, The New Perspective on Paul, in: BJRL 65 (1983) 95–122, wurde diesem Abschnitt stellvertretend für die ganze Diskussion vorangestellt. Vgl. *ders.*, The New Perspective on Paul, Tübingen 2005, wo der Verfasser seinen Ansatz ausführt.

[10] Die Bezeichnung geht auf *E.P. Sanders*, Paul and Palestinian Judaism. A Comparison of Patterns of Religion, Philadelphia 1977, zurück (deutsch: Paulus und das palästinische Judentum. Ein Vergleich zweier Religionsstrukturen, Göttingen 1985).

zu bleiben; ferner sind sie notwendig, um die eigene jüdische Identität zu wahren. Bei den von Paulus bekämpften »Werken des Gesetzes« geht es nach der »neuen Paulusperspektive« nicht um die menschliche Leistung vor Gott überhaupt, sondern um jene Vorschriften, die diese Identität sichtbar machen: Beschneidung, Speise- und Reinheitsgebote. Der Apostel musste gegen das in diesem Sinn verstandene Gesetz vorgehen, weil seine an alle Menschen gerichtete, alle ethnischen und religiösen Grenzen überschreitende Heilsbotschaft mit einer solchen Einschränkung unvereinbar ist. Von der christologischen Mitte des paulinischen Evangeliums her ist die Abgrenzung zum Judentum unvermeidbar, aber das Trennende dabei ist gerade nicht der Gegensatz zwischen Gesetz und Gnade, wie so oft behauptet wurde. Was Paulus am Judentum verkehrt fand, war lediglich die Tatsache, dass es kein Christentum war.[11]

Die »neue Paulusperspektive« löste eine lebhafte Diskussion in der Forschung aus, die nicht abgeschlossen ist.[12] Positiv daran ist ohne Zweifel die Ablehnung einer negativen Sicht des Judentums als Religion des Gesetzes, wiewohl dies in der Forschung auch vorher schon erkannt worden war.

Folgendes bleibt jedoch zu bedenken: Das palästinische Judentum des 1. Jahrhunderts war ein komplexes Phänomen, das sich nicht auf eine »Grundstruktur« (sc. »Bundesnomismus«) reduzieren lässt, und dabei andere wichtige Erscheinungen außer Acht lässt. Das von Sanders herausgestellte Modell des Judentums als »Bundesnomismus« vermag gewiss eine ohnehin nicht mehr akzeptable Sicht auf die jüdische Religion zu korrigieren, ist aber letztlich zu verallgemeinernd und entspricht nicht der von den Quellen bezeugten Vielfalt der jüdischen Religion.

Die Frage nach dem Verständnis der »Werke des Gesetzes« berührt einen zentralen Aspekt des paulinischen Menschenbildes. Auch unter dieser Rücksicht erweist sich der Ansatz der

---

[11] So die Formulierung von *Sanders*, a. a. O. 422.
[12] Vgl. zuletzt *S. Schreiber*, Paulus und die Tradition. Zur Hermeneutik der »Rechtfertigung« in neuer Perspektive, in: ThR 105 (2009) 91–102, bes. 94–101.

»neuen Paulusperspektive« als problematisch. Zumindest von Röm 3,20 (»Denn aufgrund von Gesetzeswerken wird niemand vor ihm gerecht; kommt man doch erst durch das Gesetz zur Erkenntnis der Sünde«) her gesehen (vgl. Gal 2,21: Ich missachte die Gnade Gottes in keiner Weise; denn käme die Gerechtigkeit durch das Gesetz, so wäre Christus vergeblich gestorben.«) scheint eine Einschränkung der »Werke des Gesetzes« auf äußerliche Merkmale, die zur Bewahrung der Gruppenidentität erforderlich sein mögen, dem paulinischen Denken nicht gerecht zu werden. Die Argumentation im Brief an die Galater (2,11–21) zielt nicht primär darauf ab, die Eingliederung der Heiden in die Heilsgemeinde theologisch zu rechtfertigen, sondern sie hat unbedingt mit der Frage nach dem Heil des Menschen im Hinblick auf den rettenden Gott zu tun.

Insofern sich der Vorstoß der »neuen Paulusperspektive« von einer Auslegungstradition distanziert, die sich auf Luther bezieht und die deutsche Forschung weitgehend geprägt hat, eignet ihr etwas Emanzipatorisches. Es ist kein Zufall, wenn die wichtigsten Vertreter dem angelsächsischen Sprachraum angehören. Inzwischen aber gibt es eine rege Beteiligung an der Diskussion, die weit über Konfessions- und Sprachgrenzen hinausgeht. Als vorläufiges Ergebnis der Auseinandersetzung stellt sich die Aufgabe, das theologische Gewicht des paulinischen Denkens im Rahmen seiner soziologischen Bedingtheit zur Geltung zu bringen. Zu einem gründlichen Kurswechsel in der Paulusforschung gibt die »neue Paulusperspektive« allerdings keinen Anlass.

4. Die Gemeinde

4.1. Einheit und Vielfalt

Der eine Leib und die vielen Glieder sind das Bild, das die Spannung von Einheit und Vielfalt als konstitutives Merkmal der christlichen Gemeinde am besten zum Ausdruck bringt. Als Grundlage dient der Abschnitt 1Kor 12,12–31a. Die Wiederaufnahme des Themas in Röm 12,3–8 fügt kein weiteres Element hinzu.

Einen Schlüssel für das Verständnis des Bildes vom Leib und den Gliedern in 1Kor 12,12–31a liefert der Abschnitt 12,4–11. Unmittelbar bevor Paulus das Bild gebraucht, kommt ein wesentlicher Aspekt der Sache zur Sprache, um die es ihm eigentlich geht: Die Einheit der Gemeinde rührt nämlich von dem einen Geist her, der den Gläubigen die vielen Gnadengaben (χαρίσματα) schenkt (12,4.11).

Die Gnadengaben sind die Fähigkeiten, die in den Dienst der Gemeinde gestellt werden. Empfänger dieser Gaben sind zwar die Einzelnen, aber die Gaben sind nicht zur Ausstattung des Individuums gegeben, sondern im Hinblick auf den Aufbau und die Bereicherung der Gemeinde.

Die von Paulus beispielhaft angeführten Gnadengaben betreffen verschiedene Lebensbereiche der Gemeinde. Im Bereich der Verkündigung und Unterweisung ist die Begabung wichtig, Weisheit und Erkenntnis durch die eigene Rede an die Gemeindemitglieder zu vermitteln (12,8). In einen anderen Bereich gehört der Erweis der eigenen Glaubenskraft, aber auch das Vollbringen von Wundern und Heilungen (12,9f). Prophetisches Reden, Unterscheidung der Geister und Zungenrede lassen sich eher in ein liturgisches Umfeld einordnen (12,10f).

Das Verhältnis zum Bild ist durch die Aussage bestimmt: »In *einem* Geist sind *wir alle* zu *einem* Leib getauft worden« (12,13). Die Einheit des Geistes und die Vielfalt der Gaben veranschaulicht nur der eine Leib und die vielen Glieder. In der Taufe vollzieht sich nicht nur die Gemeinschaft mit dem Tod Christi (Röm 6,4–6)[13], sondern auch die Eingliederung in den Leib Christi durch das Wirken des Geistes.

Der Leib Christi ist nicht bloß ein Bild, das auf eine Sache hinweist. Das Bild selbst ist sehr realistisch aufzufassen. So verbietet die Zugehörigkeit zum Leib Christi etwa den Verkehr mit einer Dirne, bei dem der Leib des Christen mit deren Leib eins

---

[13] S. o. 96, III. 3.2.

wird (1Kor 6,15f). Der Leib des Getauften ist Tempel des Heiligen Geistes (6,19), deswegen darf sich der Christ nicht gegen den eigenen Leib durch Unzucht versündigen (6,18).

Die realistische Vorstellung vom Leib Christi und der »leibhaftigen« Verbindung mit den Getauften kommt in einem doppelten, komplementären Sinn zur Wirkung: Einerseits bedeutet die Zugehörigkeit zum *einen* Leib die Aufhebung der religiösen und sozialen Unterschiede der Menschen vor Gott: Alle gehören zum Leib Christi, ob Juden oder Griechen, ob Sklaven oder Freie (1Kor 12,13).[14] Andererseits unterstreicht das Bild vom Leib und den Gliedern notwendige Unterschiede in der gemeindlichen bzw. ekklesialen Realität. Der Leib besteht aus vielen Gliedern, die je anders gestaltet sind und unterschiedliche Funktionen erfüllen, sie bleiben dennoch aufeinander bezogen (12,21f). Die Einheit des Leibes drückt sich gerade in der Bezogenheit der Glieder zueinander aus.

Blickt man vom Bild auf die gemeinte Sache zurück, kommt eine Sicht zum Vorschein, die sowohl für die Anthropologie als auch für die paulinische Ekklesiologie von Bedeutung ist.

- Im Hinblick auf die Anthropologie: Durch die Gabe des Geistes *gehört* der Mensch zum Leib Christi, in dem er die Macht der Gnade erfährt.[15] Jeder Getaufte ist – ohne Ausnahme und ohne Unterschied – ein »Begabter«, ein »Begnadeter«. Diese Macht schenkt ihm die Befähigung, dem Leib, d. h. der Kirche zu dienen.
- Im Hinblick auf die Ekklesiologie: Die Gemeinde lebt aus der Pluralität ihrer Glieder. Einheit ist nicht Gleichheit, die Glieder des einen Leibes erfüllen unterschiedliche Funktionen. Der Leib macht jedoch die Einheit erforderlich, da er nur in der Harmonie der vielen Glieder bestehen kann. Wenn diese sich vom Geist führen lassen, der der Ursprung

---

[14] Nach Gal 3,28 gilt das auch für den Unterschied zwischen Mann und Frau. Übergeht Paulus hier das Thema, weil ihm die korinthischen Frauen schon genug »emanzipiert« erschienen (vgl. 1Kor 11,2–16)?

[15] S. o. 95f, III. 3.2.

der vielen Gaben ist, wird die Einheit der Gemeinde zum gemeinsamen Anliegen der vielen Glieder.

4.2. Charisma und Gemeindestruktur

Wie und welche Gnadengaben in der Gemeinde wirken, hat Paulus in 1Kor 12,4–11 dargelegt. Am Schluss des Kapitels, nach dem Bild vom Leib und den Gliedern (12,12–27), nimmt er das Thema in einer Art Konkretisierung wieder auf, wenn er von den Ämtern in der Gemeinde handelt.

Gott ist der Geber aller Geistesgaben, daher sind auch die gemeindlichen Ämter auf ihn zurückzuführen.

- An erster Stelle werden die *Apostel* genannt (12,28). Paulus denkt hier nicht an den Zwölferkreis, sondern an die Wanderprediger, die von einer Gemeinde zur anderen ziehen und das Evangelium verkünden. Paulus deutet in 1Kor 9,4 das Privileg des »Apostelrechts« an, auf das er allerdings verzichtet. Dabei geht es um das Recht, von den Gemeinden versorgt zu werden (vgl. Lk 10,7f), ohne dafür etwas zu bezahlen.
- An zweiter Stelle nennt Paulus die *Propheten*. Es sind jene Christen, denen die Gabe der prophetischen Rede geschenkt ist. Prophetie bedeutet nicht Weissagung des Zukünftigen, sondern Deutung der Gegenwart, Auslegung des Willens Gottes im Heute der Gemeinde. Die Hochschätzung der prophetischen Rede und ihre Bedeutung für den Aufbau der Gemeinde drückt Paulus in 1Kor 14,5.31–33a aus.
- Die *Lehrer*, die an dritter Stelle genannt werden, sind jene Gläubigen, die für die Glaubensunterweisung als besonders geeignet angesehen werden.
- Im Unterschied zu diesen drei Personengruppen, deren Rangordnung ausdrücklich vermerkt ist, werden anschließend andere »Gnadenträger« genannt, die den Erstgenannten gegenüber offensichtlich nachgeordnet sind. Zum Teil wurden sie schon in 12,9f erwähnt. Kraft ihrer Charismen vermögen sie, Wunder zu wirken, Kranke zu heilen, allgemein zu helfen (Diakonie?), die Gemeinde zu leiten oder in Zungen zu reden.

Paulus sieht seine Gemeinde »charismatisch geordnet«. *Charismatisch* bezeichnet dabei die Tatsache, dass die Gaben nicht durch Handauflegung bzw. Ordination vermittelt werden. Gott ist der Urheber der Gnadengaben, die durch das Wirken des Geistes geschenkt werden.

Wenn die Gläubigen auch über die Charismen frei verfügen, so bedeutet dies nicht, dass sie in den Bereich des Willkürlichen oder der rein subjektiven Überzeugung gehören: Der Einzelne fühlt sich mit diesem oder jenem Charisma begnadet. Wie bereits angemerkt, stehen die Charismen im Dienst des Gemeindeaufbaus. Daraus erwächst das grundsätzliche *Ordnungsprinzip*, das das Leben der Gemeinde prägen soll. Wie die Reihenfolge in 1 Kor 12,28 zeigt, besitzen die Charismen nicht den gleichen Rang bzw. den gleichen Wert.

Die Aussagen des Paulus lassen manche Fragen offen. Wie kann der Charismatiker seinen Anspruch begründen oder konkret legitimieren, ein Apostel oder Prophet oder Lehrer zu sein? Die Antwort auf diese Frage dürfte gleichfalls für die anderen Charismen gelten: Indem er durch seine Lebensweise bzw. durch seine Taten die Kraft der Geistesgabe sichtbar macht, d. h. der Apostel durch sein Leben als Wanderprediger, der Prophet durch das Gewicht seiner Worte, der Lehrer durch seine Fähigkeit in der Glaubensunterweisung, der Wundertäter durch machtvolles Wirken usw.

Nach 1 Kor 12,10 besitzen einzelne Christen die Gabe der Unterscheidung der Geister. In einer Gemeinde, die nach einer charismatischen Ordnung lebt, fällt ihnen eine wichtige Aufgabe zu. Auch nach dem Erweis eigener charismatischer Begabung behält sich die Gemeinde das Recht vor, die Wahrheit des jeweiligen charismatischen Anspruches zu überprüfen. Auch das gehört zu einer »charismatischen Ordnung«.

Es fällt auf, dass die Gabe der Leitung erst an vorletzter Stelle genannt wird. Ähnliches lässt sich in Röm 12,8 beobachten: Der Vorsteher soll seinen Dienst mit Eifer verrichten. Daraus ergeben sich mehrere Fragen, die mit der Struktur der paulinischen Gemeinden zusammenhängen. Wer leitet die Gemeinde? Wer führt den Vorsitz in der sonntäglichen eucharistischen Versammlung? Lassen sich die Angaben in 1Kor auch auf andere paulinische Gemeinden übertragen?

Die Paulusbriefe geben auf diese Fragen keine Antwort – zumindest keine hinreichende –, sodass die folgenden Überlegungen notwendigerweise eher hypothetischen Charakter besitzen.

- In 1Thess 5,12 fordert Paulus die Gemeinde auf, jene zu achten, die sich unter ihnen abmühen und ihnen im Herrn vorstehen. Es handelt sich um eine Leitungsgruppe in der Gemeinde. – In Korinth scheint Stephanas und sein Haus eine ähnliche Rolle gespielt zu haben. Sie hatten sich nämlich in den Dienst der Heiligen gestellt. Darum soll sich die Gemeinde ihnen unterordnen wie auch all jenen, die mitwirken und sich abmühen (1Kor 16,15f). Wie wurden diese Leiter in der Gemeinde bestellt? Welche Aufgaben wurden ihnen anvertraut?
- Mit Ausnahme von Phil 1,1 – unter den Adressaten nennt Paulus hier auch die »Episkopen und Diakonen« – wendet sich Paulus immer nur an alle Gläubigen der betreffenden Gemeinde, nicht eigens an Gemeindeleiter oder Amtsträger. Die »Episkopen und Diakone« in Philippi sind wohl die Verwalter und ihre Helfer, die für die Versorgung der Witwen und Bedürftigen zuständig sind. Sie leisten konkrete Dienste in der Gemeinde. Die von Paulus erfahrene Unterstützung seitens der Philipper (Phil 4,10) wurde vielleicht von dieser Gruppe geleistet, welche in der Gemeinde als »Episkopen und Diakone« bezeichnet wurde. Für die oben gestellten Fragen ist der Ertrag von Phil 1,1 bescheiden.
- Nach Apg 13,1 gab es in der antiochenischen Gemeinde Propheten und Lehrer. Zieht man in Betracht, dass neben ihnen Paulus und Barnabas durch die Bestimmung des Heiligen Geistes (13,2) als Apostel wirken werden – die Gemeinde wird ihre Aussendung durch Handauflegung förmlich vollziehen (13,3) –, handelt auch hier die gleiche Dreiergruppe wie in 1Kor 12,28: Apostel, Propheten und Lehrer.
- Die »Lehre der Zwölf Apostel« oder »Didache«, eine Kirchenordnung aus dem syrischen Raum vom Beginn des 2.

Jahrhunderts, bietet eine wichtige Parallele, die die traditionelle Herkunft der Ämtertrias bestätigt. Es geht um das Verhalten der Gemeinde, wenn Lehrer, Apostel und Propheten in ihrer Mitte auftauchen. In allen drei Fällen werden Anweisungen gegeben, um den Missbrauch des Charismas rechtzeitig zu erkennen und falsche Charismatiker zu entlarven (Did 11, 1–12). Während ein Apostel sich höchstens zwei Tage in der Gemeinde aufhalten darf (Did 11, 6), können Lehrer und Propheten sich dort niederlassen, wenn sich ihr Charisma als echt erwiesen hat. Neben ihnen wählt die Gemeinde Episkopen und Diakone, die den Dienst von Propheten und Lehrern – ihr Erscheinen ist inzwischen selten geworden – leisten sollen (Did 15, 1). Der Text zeigt eine spätere Phase in der Entwicklung des kirchlichen Amtes. Wie bei Paulus gibt es in der Didache keinen Hinweis auf die Existenz von Presbytern in der Gemeinde.

Was ergibt sich aus der Sichtung solch unterschiedlicher Texte im Hinblick auf die eingangs gestellten Fragen? Wir fassen es zusammen:

- Die Gemeinde wird von »Vorstehern« geleitet. Sie »mühen sich ab« um die Gemeinde (1Thess 5,12; 1Kor 16,15f; Röm 12,8). Wie werden sie zu dieser Aufgabe bestellt? Worin besteht konkret die Gemeindeleitung? Gelten sie untereinander als gleich würdig oder ist einer unter ihnen, der als der eigentliche Leiter angesehen wird? Wie gestaltete sich das Verhältnis der »Vorsteher« zu den anerkannten Charismatikern, Aposteln, Propheten und Lehrern? All diese Fragen müssen unbeantwortet bleiben, weil Paulus dazu keine Aussagen macht.

- Das feierliche Segensgebet in der Eucharistiefeier wurde sehr wahrscheinlich vom Propheten vorgetragen. Er besaß die Kraft des Wortes, die ihn dazu befähigte, frei und kreativ das Lob so auszusprechen, dass die Gemeinde zum Schluss dazu »Amen« antworten konnte. In der Zeit der Didache sind bereits Formulare für die Danksagung verfügbar (Did 9–10), aber den Propheten ist es erlaubt, das Gebet so ausführlich zu gestalten, wie sie wollen (Did 10, 7).

- Man darf annehmen, dass die von Paulus selbst gegründeten Gemeinden grundsätzlich die gleiche Struktur besitzen wie die hier aufgrund der Angaben in 1Kor 12 skizzierte. Aber das bleibt eine Hypothese, die sich von den Quellen her nicht beweisen lässt.

- Die Gemeinden sind von einer großen Dynamik durchdrungen, was nicht zuletzt die bald entstandenen innergemeindlichen Konflikte belegen. Die »charismatische Ordnung« dürfte wenigstens zum Teil die Anziehungskraft und die missionarische Ausstrahlung der Gemeinden in der heidnischen Gesellschaft gefördert haben. Die Entwicklung innerhalb des Paulinismus in der folgenden Generation, die im nächsten Abschnitt dargelegt wird, zeigt aber auch, dass bald andere Formen der Gemeindeordnung erforderlich wurden, um den Bestand der Gemeinden zu sichern.

IV. Wirkungsgeschichte

Die überragende Gestalt des Paulus strahlte ihren Glanz auch nach dem Tod des Apostels aus. Im Folgenden werden zunächst jene Texte behandelt, die in seinem Namen verfasst sind.

1. Die Briefe des Paulinismus

Bei der Behandlung der Paulusbriefe haben wir von »echten« und »unechten« Paulusbriefen gesprochen.[1] Bei dieser Gelegenheit wurde bereits der Sinn dieser richtigen, aber auch missverständlichen Unterscheidung erläutert. Für das Folgende verweisen wir auf diesen Abschnitt.

Die Mitarbeiter des Paulus und die anderen, die der schon erwähnten »Paulusschule« angehörten, waren bemüht, nicht nur in seinem Sinn zu handeln, sondern darüber hinaus sein theologisches Erbe weiterzugeben. Das vor allem war ihr Anliegen, als sie im Namen des Paulus Briefe verfassten. Dabei konnten sie nicht einfachhin wiederholen, was der Apostel gesagt oder geschrieben hatte. Ihr Nachdenken auf der Grundlage der paulinischen Theologie bezog sich – wie zuvor bei Paulus – auf konkrete Situationen und Probleme der Gemeinden, in denen sie tätig waren, und die nun zu Adressaten der »neuen« Briefe wurden.

Der Vorgang mutet recht merkwürdig an: Eine Gemeinde in Kleinasien erhält um die Wende vom 1. zum 2. Jahrhundert unerwartet einen Brief. Paulus schreibt an Timotheus oder Titus, die bekannten Mitarbeiter, die wahrscheinlich ebenfalls zu dieser Zeit bereits tot waren. Über diesen Brief hat bisher niemand etwas gewusst, aber nun ist er da. Überraschend ist nun die Tat-

---

[1] S. o. 44–47, II. 1.

sache, dass die Probleme, die in diesem Brief behandelt werden, weitgehend identisch sind mit den Problemen, mit denen sich die Gemeinde gegenwärtig auseinanderzusetzen hat. Kam da niemand auf den Gedanken, dass der Brief gar nicht von Paulus verfasst sein konnte, sondern dass er ganz anderen Ursprungs, etwa im Umfeld der Gemeinde selbst entstanden war?

Wir wissen nichts über den Rezeptionsprozess der deutero-paulinischen Briefe, im geschilderten Fall der Pastoralbriefe. Wie auch immer, sie wurden als authentische Schriften des Apostels angesehen und auch so überliefert. Man muss sich jedoch auch fragen, ob die damaligen Leser den Text in der Art und Weise gelesen haben, wie wir es heute tun. Es ist nicht einmal sicher, ob die Echtheitsfrage für sie eine *echte* Frage war.

Im Unterschied zur Behandlung der echten Paulusbriefe verzichten wir im Folgenden auf eine Darstellung gemeinsamer theologischer Grundlinien. Die Briefe des Paulinismus sind von verschiedenen Autoren verfasst worden und weisen demzufolge jeweils sehr unterschiedliche theologische Akzentsetzungen auf. Gemeinsame theologische Grundlinien lassen sich dabei nicht herausarbeiten. Was im jeweiligen Brief unter theologischer Rücksicht erwähnenswert ist, wird im Abschnitt »Schwerpunkte und Probleme« bei jedem Brief dargelegt.

1.1. Der Brief an die Kolosser

1.1.1. Inhalt und Struktur

Eingang 1,1–2
Vorrede 1,3–11
Danksagung für die Gemeinde 1,3–8
Fürbitte 1,9–11
1. Teil: Die Herrschaft Christi über die Welt 1,12–2,23
– Christushymnus mit Einleitung und Anwendung 1,12–14.15–20.21–23
– Der Apostel als Verkünder des Mysteriums 1,24–2,5
– Polemik gegen die kolossische »Philosophie« 2,6–23
2. Teil: Ermahnungen zu christlichem Lebenswandel 3,1–4,6
– Die Begründung 3,1–4

- Das Leben des neuen Menschen 3,5–17
- Die »Haustafel« (Ehe, Familie, Herren und Diener 3,18–4,1)
- Andere Mahnungen 4,2–6
Briefschluss 4,7–18
- Sendung des Tychikus und Onesimus 4,7–9
- Grüße 4,10–17
- Eigener Gruß des Paulus 4,18

1.1.2. Anlass und Zeit

In der Fiktion des Briefes befindet sich Paulus im Gefängnis (Kol 4,3.10.18) gemeinsam mit Aristarch (4,10). Tychikus und Onesimus werden das Schreiben nach Kolossä überbringen (4,7–9). Einmal dort vorgelesen, soll es an die Gemeinde von Laodizäa weitergeschickt werden (4,16).

Der Anlass des Briefes ist das Auftreten von Irrlehrern in der Gemeinde, die ihre Lehre als »Philosophie« bezeichnen (2,8). Gegen ein Gefühl kosmischer Unsicherheit ankämpfend, suchen sie Zuflucht in den Weltelementen (2,8) und in asketischen Übungen (2,16–23), die durchaus jüdisch beeinflusst sind (2,16.21). Der Verfasser versucht mit seinem Schreiben dem entgegenzuwirken. Die Betonung der Herrschaft Christi über die ganze Schöpfung möchte die Gläubigen von jeder Weltangst befreien und ihnen durch christologisch begründete Gewissheit Zuversicht schenken.

Die Bestimmung der Abfassungszeit erfolgt unter der Voraussetzung, dass der Brief als Pseudepigraph anzusehen ist.[2] Wollte man Echtheit oder die Mitwirkung eines Sekretärs des Paulus bei der Abfassung des Schreibens unterstellen, ergäbe sich unausweichlich eine andere Datierung.

Von den Briefen des Paulinismus steht der Kolosserbrief dem Denken des Paulus am nächsten. Die Stadt Kolossä liegt im Lykostal in Phrygien und bildet ein Dreieck mit Laodizäa (östlich) und Hierapolis (nördlich) in einer Entfernung von je etwa 20 km. Durch den römischen Historiker Tacitus wissen wir, dass die Stadt Laodizäa im 7. Jahr des Kaisers Nero, d. h. 60/61, von ei-

---

[2] S. u. 117.

nem Erdbeben zerstört wurde, sich aber danach ohne Hilfe Roms wieder aufbauen konnte (Annalen 14, 27). Wahrscheinlich wurde auch Kolossä bei diesem Beben schwer beschädigt; auf jeden Fall versank die Stadt in der Bedeutungslosigkeit, wie das Schweigen der Überlieferung in der folgenden Zeit vermuten lässt. Nur Münzen und einige Inschriften weisen auf die Existenz der Stadt im 2. bzw. 3. Jahrhundert hin.

Als der Brief geschrieben wurde, existierte in Kolossä eine christliche Gemeinde. Nach 1,7 hatte Epaphras das Evangelium zum ersten Mal verkündet (vgl. 4,12; Phlm 23). Da Kol dem Verfasser des Epheserbriefs bekannt war und seine Theologie nichts von der Entwicklung ahnen lässt, die in den Pastoralbriefen zum Tragen kommt, legt sich eine Abfassungszeit um 70 nahe.

1.1.3. Schwerpunkte und Probleme

Der Christushymnus

Der markanteste und wohl bekannteste Text im Kolosserbrief ist der Abschnitt 1,15–20, der durch seine sprachliche Prägung zu den christologischen Hymnen gehört. Die Entsprechung zu V 15: »*Der ist* Abbild des unsichtbaren Gottes, *der Erstgeborene* der ganzen Schöpfung …« in V 18b: »*Der ist* der Anfang, *der Erstgeborene* der Toten …« legt eine zweistrophige Struktur nahe. Die erste Strophe verkündet die Herrschaft Christi über die ganze Schöpfung, weil er der Schöpfungsmittler ist. Die zweite Strophe stellt das Heilswerk des Schöpfungsmittlers dar. Als Erstgeborener von den Toten ist er der Mittler der Versöhnung und des Friedens Gottes für die ganze Schöpfung (1,20).

Der Hymnus lässt sich folgendermaßen darstellen[3]:

[15]*Der ist* Abbild des unsichtbaren Gottes, *der Erstgeborene* der ganzen Schöpfung.	[18b]*Der ist* der Anfang, *der Erstgeborene* der Toten, damit er in allem den Vorrang hat.
[16]*Denn in ihm* wurde alles geschaffen	[19]*Denn* (Gott) gefiel es, *in ihm* die ganze Fülle wohnen zu lassen,
im Himmel und auf Erden, das Sichtbare und das Unsichtbare,	

---

[3] Die Gemeinsamkeiten sind kursiv gedruckt.

Throne und Herrschaften,
Mächte und Gewalten;
alles ist *durch ihn und auf ihn hin* geschaffen.
[17]Er ist vor aller Schöpfung,
in ihm hat alles Bestand.
[18a]Er ist das Haupt des Leibes, der Kirche.

[20]um *durch ihn und auf ihn hin* alles zu versöhnen,
indem er durch ihn Frieden stiftete durch das Blut
seines Kreuzes
auf Erden und im Himmel.

Es ist gut möglich, dass der Hymnus liturgischer Tradition entstammt, in der der Vorrang des Erhöhten im ganzen Kosmos gepriesen wird. Auf den Verfasser dürfte die Präzisierung »der Kirche« (V 18a) nach der Aussage, Christus sei das Haupt des Leibes, zurückgehen; ursprünglich war mit dem Leib der Kosmos gemeint. Ganz korrekt im paulinischen Sinn (vgl. 1Kor 12,4–27; Röm 12,3–8) deutet er den Leib als Kirche, d. h. als Gemeinde, um auf den Ort hinzuweisen, in dem die Herrschaft Christi unbedingt konkret werden muss, will sie nicht als kosmologische Spekulation unverbindlich bleiben. Neu im Vergleich zu Paulus ist die Metapher vom Haupt und Leib, um damit das Verhältnis von Christus und der Kirche zu charakterisieren.

Die Haustafel

Unter dieser Bezeichnung, die auf Martin Luther zurückgeht, versteht man eine Ermahnung, die sich an die Stände in einem Haus der antiken Gesellschaft richtet. Die Haustafel im Kol (3,18–4,1) ordnet die Beziehungen jeden Standes zueinander: Des Hausherrn und seiner Frau, der Eltern und der Kinder, des Herrn und der Sklaven. Wenngleich bei den drei Gruppen, das »schwächere« Glied zuerst genannt wird (die Frau, die Kinder, die Sklaven), geht es immer um Unterordnung und Gehorsam. Von den Übergeordneten wird Liebe, Rücksicht und Gerechtigkeit erwartet.

Das in den Haustafeln eingeschärfte Verhaltensmodell ist nicht ursprünglich christlich, sondern hat eine lange Vorgeschichte im Hellenismus und im hellenistischen Judentum. Das Hauptaugenmerk der Haustafel liegt dabei nicht auf den zwischenmenschlichen Beziehungen, sondern auf der Ordnung und dem Bestand des Hauses als kleinem »Produktionszentrum«. Nicht zufällig finden sich analog gestaltete Ermahnungen in Schriften über die Landwirtschaft. Durch das »im Herrn« gibt der Verfasser die christliche Motivation an. Im paganen Gebrauch ist die Handlungsaufforderung naturgemäß anders begründet.

Im Unterschied zum paulinischen Duktus (vgl. 1Kor 7,31: »die Gestalt dieser Welt vergeht«) setzt die Haustafel die Stabilität der Weltstruktur voraus und möchte sie zusätzlich konsolidieren. Als der Brief geschrieben wurde, sah man das Ende der Welt nicht mehr unmittelbar bevorstehen wie noch in der Zeit des Paulus. Zwischen dem »konservativen« Familienmodell des traditionellen Judentums und dem »liberalen« der gutsituierten heidnischen Familie wählt der Verfasser einen mittleren Weg durch die Übernahme der Haustafel, die den Heidenchristen sicherlich auch bekannt war.

Hoffnung, Taufe und Auferstehung der Gläubigen

Die Hoffnung wird nicht von der Erwartung des Gläubigen aus betrachtet, sondern als Gegenstand, der schon im Himmel bereitliegt (1,5.27). Wie in Röm 6,4 nimmt der Christ in der Taufe am Tod Christi sakramental teil: Er ist mit ihm mitbegraben worden (Kol 2,12). Nach Röm 6,4 soll der Gläubige im neuen Leben wandeln, weil Christus von den Toten auferweckt wurde. Die Wendung »neues Leben« bezeichnet die Wirklichkeit des Heils in der Geschichte – dies ist die indikativische Aussage –, auf die der Gläubige mit seinem Leben die adäquate Antwort geben muss – dies ist die imperativische, ethische Aussage. Die Auferstehung ist immer ein endzeitliches Geschehen.

Im Unterschied dazu wird in Kol 2,12 der Gläubige in der Taufe *mitauferweckt* mit Christus. Ein Vergleich macht die Akzentverschiebung in den Aussagen deutlich:

Röm 6,4	Kol 2,12
Wir wurden mit ihm begraben durch die Taufe auf den Tod, damit, wie Christus durch die Herrlichkeit des Vaters von den Toten auferweckt wurde, so auch wir in einem neuen Leben wandeln.	Begraben mit ihm in der Taufe, wurdet ihr auch in ihm mitauferweckt durch den Glauben an die Macht Gottes, die ihn von den Toten auferweckte.

Der Verfasser denkt nicht schwärmerisch an eine reale Auferweckung in der Taufe, die mit der eschatologischen Vollendung identisch wäre. Die Mitauferweckung mit Christus begründet die Ermahnung, an das, was oben ist, zu denken und danach zu streben (3,1), wie überhaupt die weiteren Ermahnungen bis 4,6.

Die Wendung »mitauferweckt mit Christus« ist eine Metapher für die Gegenwart des Heils. Das hebt die Hoffnung auf die Auferstehung am Ende der Zeit nicht auf, aber Hoffnung ist hier anders akzentuiert als bei Paulus. Da das wahre Leben der Christen mit Christus in Gott verborgen ist (3,3), geschieht im Eschaton die Offenbarung des Verborgenen. Dann werden sie mit Christus in *Herrlichkeit* offenbar werden (3,4). Der Ausdruck, der auf 1Kor 15,43 zurückgeht, ist der einzige Hinweis der Hoffnung auf die endzeitliche Auferstehung der Toten. Allgemein wird die Hoffnung im Kolosserbrief viel stärker als bei Paulus durch eine räumliche Dimension charakterisiert. Die Verbindung zwischen Himmel und Erde garantiert die Wahrheit der Hoffnung, die schon im Himmel bereitliegt. Die Entfernung zwischen Himmel und Erde erklärt die Notwendigkeit, in der Zeit der Welt das Himmlische zu suchen.

Der Streit um die Echtheit

Im deutschsprachigen Raum zeichnet sich zunehmend die Tendenz ab, den Kolosserbrief als unecht zu betrachten, wenngleich die Sekretärhypothese vereinzelt noch vertreten wird. Abgesehen von sprachlichen Abweichungen, deren Gewicht für die Lösung der Echtheitsfrage unterschiedlich beurteilt wird, dürften die Übernahme der Haustafel und die eigentümliche Vorstellung der eschatologischen Vollendung eine Entscheidung zugunsten der Unechtheit favorisieren.

1.2. Der zweite Brief an die Thessalonicher

1.2.1. Inhalt und Struktur

Eingang 1,1–2
Vorrede 1,3–12
– Danksagung 1,3–4
– Das kommende Gericht 1,5–10
– Fürbitte 1,11–12
1. Teil: Der Tag des Herrn 2,1–14
– Die Reihenfolge der endzeitlichen Ereignisse 2,1–12
– Danksagung für die Erwählung zum Heil 2,13–14
2. Teil: Ermahnungen 2,15–3,13
– Mahnung und Gebetswünsche 2,15–3,5
– Polemik gegen Unordnung in der Gemeinde 3,6–13
Briefschluss 3,14–18
– Mahnung 3,14–15
– Schlussgruß 3,16–18

1.2.2. Anlass und Zeit

Unter Berufung auf den Geist, auf eine Rede oder auf einen angeblichen Brief das Paulus, behaupten einige in der Gemeinde, der Tag des Herrn sei schon gekommen (2,2). Wahrscheinlich als Konsequenz dieser Verkündigung führen manche Gläubigen ein ungeordnetes Leben und lehnen jede Arbeit ab (3,11).

Der Brief will den Erweis erbringen, dass der Tag des Herrn noch nicht gekommen ist, weil zuvor bestimmte Ereignisse eintreten müssen, die aber bisher ausgeblieben sind. Der Verfasser reklamiert für sich die Autorität des Paulus. Die Gläubigen sollen sich an die Worte erinnern, die er zu ihnen gesprochen hat (2,5). Sie sind schon »Überlieferung« geworden, und besitzen deswegen normative Autorität (2,15), die im Brief eine weitere Bestätigung erhält. Man soll den Kontakt mit denen meiden, die auf die Mahnung des Briefes nicht hören (3,14).

Für die Bestimmung des Abfassungsortes fehlt im Text jeder Hinweis. Wenn das Problem der Parusieverzögerung den realen Hintergrund für das Schreiben bildet (s. u.), dann ist eine Entstehungszeit nach 70 oder 80 wahrscheinlich.

1.2.3. Schwerpunkte und Probleme

Die Reihenfolge der Endereignisse

Der Verfasser verfügt über eine erstaunliche Kenntnis der Endereignisse. Der Reihe nach wird sich Folgendes ereignen: Der Abfall vom Glauben an Gott, das Erscheinen des Menschen der Gesetzwidrigkeit bzw. des Sohnes des Verderbens, der sich selbst in den Tempel Gottes setzen und sich als Gott ausgeben wird (2 Thess 2,3–4). In der Gegenwart wirkt schon das Geheimnis des Bösen, aber es kommt nicht zur vollen Entfaltung, weil es von einer hemmenden Macht zurückgehalten wird. Einmal diese hemmende Macht beseitigt, wird sich die Verkörperung der Gesetzwidrigkeit offenbaren (2,6–7). Die Stunde seiner Offenbarung ist zugleich die Stunde seiner Beseitigung durch die Erscheinung des Herrn Jesus, der ihn »durch den Hauch seines Mundes« tötet (2,8). Nach der Ankündigung des Sieges über den Bösen schildert der Verfasser ausführlich das Werk des Verführers unter den Menschen, die verloren gehen (2,9–12).

Da diese Ereignisse noch nicht eingetreten sind, weiß der Gläubige, dass der Tag des Herrn noch aussteht.

Parusieerwartung und Parusieverzögerung

Vordergründig herrschte in der Gemeinde eine derart gesteigerte Naherwartung, dass der Tag des Herrn als schon angekommen zum Problem werden konnte. Der Verfasser kennt und verwendet 1 Thess (vgl. I 1,1 = II 1,1; I 1,2 = II 1,3; I 3,12 = II 1,3; I 3,13 = II 1,7; I 2,13 = II 2,13 usw.). Darum weiß er auch von der »unproblematischen« Naherwartung des Paulus, der sich zu denen rechnet, welche die Wiederkunft des Herrn noch zu ihrer Lebzeit erfahren werden (1 Thess 4,15–17). Solche Aussagen, gelesen zwei oder drei Jahrzehnte später, warfen Fragen auf. Wie war angesichts der sicheren Gewissheit der bevorstehenden Parusie durch den Apostel das Ausbleiben des Endgeschehens zu erklären?

Durch seine detaillierten Aussagen zu den Endereignissen liefert der Verfasser einen einleuchtenden Grund, dass die Verzögerung der Parusie auf keinen Fall die eigene Glaubensüberzeugung erschüttern darf. Sie gehört in den Plan Gottes. Es wäre also verfehlt, das Bewusstsein der Vorläufigkeit aller Dinge angesichts des bevorstehenden Endes zum Anlass zu nehmen, die eigenen Pflichten in der Welt zu vernachlässigen (3,11f). Die Gegenwart ist die Zeit, in der sich der Glaube im konkreten Alltag bewähren muss, gerade und besonders wenn er Verfolgungen und Bedrängnissen ausgesetzt ist (1,4).

1.3. Der Brief an die Epheser

1.3.1. Inhalt und Struktur

Eingang 1,1–2
Vorrede 1,3 –23
– Lobpreis für das Heilswerk Gottes in Christus 1,3 –14
– Danksagung und Fürbitte 1,15 –23
1. Teil: Das Geheimnis der Kirche 2,1–3,21
– Die Heiden, vom Tod ins Leben versetzt 2,1–10
– Die Einheit von Juden und Heiden in der Kirche 2,11–22
– Die Offenbarung des Geheimnisses Christi in der Kirche von Juden und Heiden 3,1–13
– Fürbitte für die Kirche 3,14 –21
2. Teil: Christliche Existenz in der Kirche und in der Welt 4,1–6,20
– Ruf zur Einheit 4,1– 6
– Die Gaben Christi zum Aufbau des Leibes Christi 4,7–16
– Christlicher Lebenswandel in der Welt 4,17–24
– Verschiedene Mahnungen 4,25 –6,20
– Haustafel 5,21–6,9
– Aufforderung zum Kampf 6,10 –20
Briefschluss 6,21–24
– Die Sendung des Tychikus 6,21–22
– Schlussgruß 6,23 –24

1.3.2. Anlass und Zeit

Kein anderer »echter« bzw. »unechter« Paulusbrief scheint auf den ersten Blick so »situationslos« zu sein wie dieses Schreiben, bei dem sogar die Ortsangabe »in Ephesus« in den ältesten Handschriften fehlt. Zum besonderen Charakter des Textes trägt die literarische Form bei, die durch einen eigentümlich abstrakten Stil geprägt ist.

Der Verfasser kennt und verwendet den Kolosserbrief (s. u.), aber sein Schwerpunkt ist nicht die Christologie, sondern die Ekklesiologie. Von hier aus lässt sich sein Anliegen bei der Abfassung dieses eigenartigen Schreibens herausarbeiten. In der von Juden- und Heidenchristen konstituierten Gemeinde sieht er die Offenbarung des allen anderen Generationen zuvor verborgenen Geheimnisses Christi verwirklicht (3,4f). Das ekklesiologische Modell hat universale Gültigkeit, aber sein Augenmerk richtet sich auf die Gemeinden, an die er seine Botschaft adressiert. Dem Verfasser geht es darum, eine christliche Gemeinde – wahrscheinlich im kleinasiatischen Raum – nach seinem ekklesiologischen Modell soweit wie möglich in konkreten Konturen zu gestalten. Zuerst nimmt er Bezug auf die Lebenswelt der Heiden in einer sowohl simplifizierenden als auch negativen Weise; die Maxime heißt: Die Christen sollen ihr Leben nicht so führen wie die Heiden (4,17). Ihr Sinn ist nichtig, ihr Verstand ist verfinstert, sie haben sich dem Leben Gottes entfremdet und jeder Art von Ausschweifung hingegeben (4,18f). Die Gefahren für die Gemeinde kommen aber nicht nur von außen. Auch die Heidenchristen können in ihre alte Lebensweise zurückfallen und das ihnen geschenkte Licht leugnen bzw. verdunkeln (5,3–18).

Da nicht einmal die Adresse an die Epheser als sicher gelten darf, kann man den Entstehungsort des Schreibens nur annähernd bestimmen. Durch den nachweislichen Einfluss des Kolosserbriefs ist der kleinasiatische Raum als Abfassungsort am wahrscheinlichsten.

Im Hinblick auf die Entstehungszeit lässt sich ebenfalls der Kolosserbrief, der als Vorlage benutzt wurde, zum Bezugspunkt nehmen. Nach diesem Kriterium wäre das Schreiben zwischen 90 und 100 entstanden.

1.3.3. Schwerpunkte und Probleme

Das Verhältnis zum Kolosserbrief

Der Verfasser des Eph ist ein eigenständig denkender Theologe, der auf der Grundlage der paulinischen Theologie seinen eigenen ekklesiologischen Entwurf vorlegt. In diesem Überlieferungsprozess spielt der Kolosserbrief eine wichtige Rolle. Die wichtigsten Abschnitte[4], die im Epheserbrief übernommen und umgedeutet werden, sind:

- Kol 1,25-29 → Eph 3,2-7.8-10: Das verborgene Geheimnis - Christus unter den Heiden -, das vom Apostel verkündet wird, ist jetzt die Kirche aus Juden- und Heidenchristen.
- Kol 2,12 → Eph 2,5-6: In der Taufe werden die Gläubigen nicht nur mit Christus mitauferweckt, sondern darüber hinaus im Himmel in Christus miteingesetzt.
- Kol 3,18-4,1 → Eph 5,21-6,9: Das Verhältnis von Mann und Frau gestaltet sich analog dem Verhältnis Christi und der Kirche.

Die Ekklesiologie und die räumliche Dimension des Heils kommen in der Übernahme der Überlieferung gebührend zur Geltung.

Die Hoffnung auf Vollendung

Der himmlische Bereich (ἐν τοῖς ἐπουρανίοις) wird in unterschiedlichen Zusammenhängen erwähnt. Nach 1,3 hat die Gemeinde in diesem himmlischen Bereich den Segen Gottes empfangen. Dorthin sind die Gläubigen durch die Taufe hineinversetzt (2,6). Für die Christen ist dieser Bereich nicht als äußerliche Ortsbestimmung gedacht, sondern vielmehr als Zugehörigkeitsprinzip, als Raum des Heils, an dem sie hier auf Erden schon teilhaben. Nach 1,20 sitzt dort der Auferstandene zur Rechten des Vaters. In diesem Bereich wird den himmlischen Mächten und Kräften durch die Kirche die vielfältige Weisheit Gottes verkündet (3,10). Die Christen sollen für den Kampf um ihren Glauben die Rüstung Gottes anlegen, weil sie nicht gegen menschliche Gegner kämpfen, sondern gegen die widergöttlichen Mächte des himmlischen Bereichs (6,12).

Der Himmel steht also nicht als Symbol einer den Menschen unzugänglichen göttlichen Transzendenz. Der himmlische Bereich gehört vielmehr in eine räumliche Heilsmetaphorik, die christologisch begründet ist: Christus sitzt dort als der Auferstandene. Von hier aus entfaltet sich die soteriologische Di-

---

[4] Andere Parallelen: Kol 1,1f → Eph 1,1f; Kol 1,2-4 → Eph 1,15-17; Kol 3,16f → Eph 5,19f usw.

mension, welche die Gemeinde (1,3) und die Einzelnen (2,6) miteinbezieht. Schließlich wird das Ganze in den für den Brief typischen ekklesiologischen Rahmen eingebettet (3,10). Garantiert die Verbindung von Himmel und Erde die Gegenwart des Heils in der Geschichte, besitzt diese Verbindung auch eine andere, negative Seite: Der Himmel ist nämlich auch der Ort der dunklen Mächte, die die Christen zum Kampf auffordern (6,12). Dadurch wird die notwendige Bereitschaft, für den eigenen Glauben einzustehen, begründet. Andererseits weiß der Gläubige zugleich, dass dieser Kampf gerade im Himmel durch den neben dem Thron Gottes sitzenden Auferstandenen bereits entschieden ist.

Unter dieser gedanklichen Voraussetzung lässt sich keine deutliche Erwartung an eine zukünftige Vollendung feststellen. Vielmehr ist von Wachstum die Rede (2,21; 4,13.15), und dies setzt einen unvollendeten Zustand in der Gegenwart voraus, aber der Prozess auf Vollendung hin ist von keiner zeitlich geprägten Erwartung begleitet und bleibt recht unbestimmt.

Die Haustafel

Während der Verfasser des Kolosserbriefes das Verhältnis zwischen Mann und Frau in zwei Sätzen bestimmt (3,18f), wird das Thema im Epheserbrief nicht nur ausführlicher behandelt (5,21–33), sondern auch ganz anders angegangen. Ohne das Ziel, Männer und Frauen zu ermahnen, aus den Augen zu lassen, gerät das Verhältnis zwischen Christus und der Kirche, das als Vorbild dient, in den Blickpunkt. Die Verbindung von Mann und Frau ist das sichtbare Zeichen, das auf das Geheimnis hinweist: auf die Verbindung Christi mit seiner Kirche.

Kol 3,18–19	Eph 5,21–33
[18]Ihr Frauen, ordnet euch euren Männern unter, wie es sich im Herrn geziemt.	[21]Ordnet euch einander unter in der Furcht Christi, [22]die Frauen ihren Männern wie dem Herrn; [23]denn der Mann ist das Haupt der Frau, wie auch Christus das Haupt der Kirche ist; er ist der Retter des Leibes.

¹⁹Ihr Männer, liebt eure Frauen und seid nicht aufgebracht gegen sie.

²⁴Doch wie die Kirche sich Christus unterordnet, sollen sich die Frauen in allem den Männern unterordnen. ²⁵Ihr Männer, liebt eure Frauen, wie Christus die Kirche geliebt und sich für sie hingegeben hat, ²⁶um sie im Wasserbad durch das Wort rein und heilig zu machen, ²⁷um sich selbst die Kirche herrlich zu bereiten, ohne Flecken oder Runzeln oder dergleichen, sondern heilig und makellos. ²⁸So sind die Männer verpflichtet, ihre Frauen so zu lieben wie ihren eigenen Leib. Wer seine Frau liebt, liebt sich selbst. ²⁹Denn niemand hat je seinen eigenen Leib gehasst, sondern er nährt und pflegt ihn, wie auch Christus die Kirche. ³⁰Denn wir sind Glieder seines Leibes. ³¹»Darum wird der Mann Vater und Mutter verlassen und sich an seine Frau binden und die zwei werden ein Fleisch sein.« ³²Dieses Geheimnis ist groß; ich beziehe es auf Christus und die Kirche. ³³Jedenfalls sollt auch ihr, jeder Einzelne seine Frau so lieben wie sich selbst: die Frau aber ehre den Mann.

Die der Haustafel eigene literarische Form wird bewahrt, aber der »ekklesiologische Einschub« gibt ihr einen neuen Sinn, der mit der ursprünglichen sprachlichen Intention der Gattung wenig gemein hat. Ein gewisses Missverhältnis zwischen der notwendigen Konkretheit der Ermahnung – von ihrem Gegenstand her erforderlich – und der Erhabenheit des himmlischen Modells, das das Handeln begründen soll, ist dabei unübersehbar.

Das kirchliche Ideal

Der Verfasser spricht im Namen der Judenchristen, welche die Heidenchristen, die früher fremd und fern waren (2,12–13), im Haus Gottes, in der Kirche, willkommen heißen (2,19–21). Er verkündet ihnen und der ganzen Schöpfung die Verwirklichung des verborgenen Ratschlusses Gottes: Die Einheit der ganzen erlösten Menschheit, Heiden und Juden (3,5–12), im Leib Christi. Was Paulus als endzeitliches Geheimnis verkündet hat (Röm 11,25–27),⁵ ist hier schon Wirklichkeit geworden.

---

⁵ S. o. 84, II. 2.7.

Nach der angesetzten Entstehungszeit und dem Entstehungs-ort schreibt der Verfasser gegen Ende des 1. Jahrhunderts im kleinasiatischen Raum. Andere christliche Zeugnisse lassen er-kennen, dass Heidenchristen gerade dort besonders zahlreich in den Gemeinden anzutreffen waren.

Angesichts dieser Situation wirkt die Rolle des Verfassers als Verwalter im irdischen Haus der Kirche eher befremdend. Das Ideal der Einheit von Juden- und Heidenchristen in einer christ-lichen Gemeinde erforderte zu seiner Realisierung konkrete Spielregeln, welche die kulturelle Eigenart und Eigenständigkeit einer jeden Gruppe hätten bewahren können. Wenn aber eine Gruppe schon zahlenmäßig irrelevant geworden war, wird sie kaum eine wichtige Rolle im Lebensstil der Gemeinde gespielt haben. Die zunehmende Präsenz von Heidenchristen und die Verdrängung der Judenchristen in den Gemeinden sind in dieser Zeit bereits erfahrbare Realität. Daher versteht sich, dass das kirchliche Modell des Epheserbriefs nicht realisierbar war. Der Hausherr, der die »neuen« Bewohner des Hauses willkommen heißt, wusste offenbar nicht, dass diese schon im Begriff waren, das Haus in Besitz zu nehmen und ihn höchstens tolerieren würden. In der Folgezeit wurde er zur »persona non grata« de-klariert und entsprechend behandelt. Im 2. Jahrhundert stellen dann Judenchristen innerhalb der christlichen Gemeinden nicht mehr als eine Randgruppe dar.

1.4. Die Pastoralbriefe

Die zwei Briefe an Timotheus und der Brief an Titus werden seit dem 18. Jahrhundert als »Pastoralbriefe« bezeichnet, weil sie an Gemeindeleiter bzw. an kirchlichen »Hirten« (lat. pastores) adressiert sind. Von den drei Schreiben gehören 1Tim und Tit in die Gattung der Gemeindeordnung, während 2Tim sich am besten als testamentarische Verfügung charakterisieren lässt.

Ein methodischer Hinweis: Der besondere Charakter der Pastoralbriefe erfordert es, dass die »Schwerpunkte und Prob-leme« nicht erst am Ende behandelt werden, sondern gleich nach der Darstellung von »Inhalt und Struktur«. Nur so wird die Argumentation, die Anlass und Entstehungszeit der Schreiben erläutert, plausibel.

1.4.1. Inhalt und Struktur

Der erste Brief an Timotheus

Eingang 1,1–2

1. Teil: Timotheus und die Bekämpfung der Irrlehrer 1,3–20
- Die Beauftragung des Timotheus 1,3–7
- Evangelium als Gesetz 1,8–11
- Der Apostel als Vorbild 1,12–17
- Die Verantwortung des Timotheus 1,28–20

2. Teil: Gemeindeordnung 2,1–3,16
- Gebet für alle Menschen und die Machthaber 2,1–7
- Das Gebet der Männer 2,8
- Das Verhalten der Frauen 2,9–15
- Der »Episkopos« 3,1–7
- Die Diakone 3,8–13
- Die Aufgabe des Timotheus 3,14f
- Christushymnus 3,16

3. Teil: Die Irrlehrer 4,1–5

4. Teil: Anweisungen für Timotheus 4,6–16

5. Teil: Gemeindeordnung 5,1–6,2a
- Das Verhalten gegenüber verschiedenen Altersgruppen 5,1–2
- Witwen 5,3–16
- Presbyter 5,17–22
- Verschiedene Mahnungen 5,23–25
- Sklaven 6,1–2a

6. Teil: Warnungen und Mahnungen 6,2b-19.
- Warnung vor Irrlehrern 6,2b-5
- Warnung vor Reichtum und Habsucht 6,6–10
- Mahnungen an Timotheus 6,11–19

Briefschluss 6,20f
- Schlussmahnung 6,20–21a
- Schlussgruß 6,21b

Der zweite Brief an Timotheus

Eingang 1,1–2

Vorrede 1,3–5

1. Teil: Mahnungen und Anweisungen an Timotheus 1,6–4,8

- Der Auftrag des Timotheus 1,6–14
- Die Lage des Paulus 1,15–17
- Aufforderungen zum Einsatz in der Gemeinde 2,1–13
- Das Verhalten vor den Irrlehrern 2,14–26
- Die Irrlehrer als Phänomen der Endzeit 3,1–9
- Die Aufgabe des Timotheus nach dem Vorbild des Paulus 3,10–4,8

2. Teil: Persönliche Mitteilungen 4,9–18

- Die Lage des Paulus 4,9–15
- Der Prozess gegen Paulus 4,16–18

Briefschluss 4,19–22

- Grüße 4,19f
- Schlussgruß 4,22

Der Brief an Titus

Eingang 1,1–4

1. Teil: Die Aufgaben des Titus in Kreta 1,5–16

- Die Einsetzung der Presbyter 1,5
- Die Eigenschaften des Presbyters 1,6
- Die Eigenschaften des »Episkopos« 1,7–9
- Die Bekämpfung der Irrlehrer 1,10–16

2. Teil: Gemeindeordnung 2,1–3,11

- Die alten Männer 2,1f
- Die alten und jungen Frauen 2,3–5
- Die jungen Männer 2,6–8
- Die Sklaven 2,9f
- Der Heilswille Gottes 2,11–15
- Die Christen in der Gesellschaft 3,1–8
- Warnung vor Irrlehrern 3,9–11

Briefschluss 3,12–15

- Aufträge 3,12–14
- Grüße 3,15

1.4.2. Schwerpunkte und Probleme

Die »gesunde Lehre« in der Auseinandersetzung mit der Irrlehre

Der Ausdruck »gesunde Lehre« ist typisch für die Past (vgl. 1 Tim 1,10; 6,3; 2 Tim 4,3; 1,13; Tit 1,9; 2,1). »Gesund« ist die Lehre, weil sie inhaltlich mit der Überlieferung übereinstimmt, die als unantastbar gilt (1 Tim 6,20) und kraft des Heiligen Geistes bewahrt werden kann (2 Tim 1,14) bzw. von Paulus selbst exemplarisch bewahrt wurde (2 Tim 1,12).

Diese Charakterisierung lässt den historischen Hintergrund der Past hervortreten. Wenn die »gesunde Lehre« mit einer überlieferten Größe identifiziert wird, die als normativ – also nicht veränderlich – gilt, so spiegelt sich darin eine Situation, in der bestimmte Inhalte in Frage gestellt bzw. durch neue Inhalte ersetzt wurden. Die Auseinandersetzung um die Wahrheit des Glaubens wird unausweichlich zum beherrschenden Thema der theologischen Reflexion. Die Irrlehre ist der Versuch, die Wahrheit des Anfangs zu verfälschen.[6] Versucht man diese recht formale Bestimmung inhaltlich zu präzisieren, empfiehlt es sich, die Abschnitte mit deutlichem Bekenntnischarakter heranzuziehen, die sich an unterschiedlichen Stellen in allen drei Schreiben eingestreut finden:

1 Tim 2,5f: Der eine Gott und der eine Mittler zwischen ihm und dem Menschen:

»Denn einer ist Gott,
Einer auch Mittler zwischen Gott und den Menschen:
der Mensch Christus Jesus,
der sich als Lösegeld hingegeben hat für alle,
das Zeugnis für bestimmte Zeiten.«

1 Tim 3,16: Ein Christushymnus, umfassend Christi Offenbarung im Fleisch bis zu seiner Aufnahme in die Herrlichkeit Gottes:

»Der wurde im Fleisch offenbart,
gerechtfertigt im Geist,

---

[6] S. o. 2.7.3. Schwerpunkte und Probleme: Die Rettung Israels am Ende der Zeit.

geschaut von den Engeln,
verkündet unter den Heiden,
geglaubt in der Welt,
aufgenommen in Herrlichkeit.«

1Tim 6,15f: Ein feierlicher Lobpreis an den mächtigen Gott, den kein Mensch sehen kann:

»Der selige und einzige Herrscher,
der König der Könige und Herr der Herren,
der allein die Unsterblichkeit besitzt,
der in unzugänglichem Licht wohnt,
den kein Mensch gesehen hat noch zu sehen vermag:
Dem Ehre sei und ewige Macht. Amen.«

2Tim 1,9f: Der rettende Gott ist offenbar geworden durch die *Erscheinung* (ἐπιφάνεια) des Retters Jesus Christus:

»Er hat uns gerettet
und mit einem heiligen Ruf hat er uns gerufen,
nicht aufgrund unserer Werke,
sondern aus eigenem Entschluss und aus Gnade,
die uns schon vor ewigen Zeiten in Christus Jesus geschenkt wurde;
jetzt wurde sie aber durch die Erscheinung unseres Retters Christus Jesus offenbart.
Er hat dem Tod die Macht genommen,
Leben und Unvergänglichkeit ans Licht gebracht durch das Evangelium.«

2Tim 2,11–13: Die Gemeinschaft mit Christus und die christliche Hoffnung:

»Das Wort ist glaubwürdig:
Wenn wir mit Christus gestorben sind,
werden wir auch mit ihm leben;
wenn wir standhaft bleiben,
werden wir auch mit ihm herrschen;
wenn wir ihn verleugnen,
wird auch er uns verleugnen;
wenn wir untreu sind,
bleibt er doch treu,
denn er kann sich selbst nicht verleugnen.«

Tit 3,4–7: Die Heilstat Gottes durch den Retter Jesus Christus:
»Als aber die Güte und Menschenfreundlichkeit Gottes, unseres Retters, er-
schien, hat er uns gerettet – nicht aufgrund von Werken in Gerechtigkeit, die
wir vollbrachten, sondern nach seinem Erbarmen – durch das Bad der Wiederge-
burt und der Erneuerung im Heiligen Geist. Ihn hat er in reichem Maß über uns
ausgegossen durch Jesus Christus unseren Retter, damit wir, durch seine Gnade
gerecht gemacht, der Hoffnung gemäß Erben des ewigen Lebens werden.«

Es handelt sich um Grundinhalte des überlieferten Glaubens,
die jetzt als *anvertrautes Gut*, als *Depositum* (1Tim 6,20;
2Tim 1,12.14: παραθήκη) weitergegeben werden. Der Ausdruck weckt die Vorstellung eines klar definierten und fest umrissenen Inhalts, den die Rechtgläubigen wegen seiner Herkunft
bewahren müssen. Ihre Zustimmung dazu garantiert ihnen den
Zugang zur Wahrheit des Glaubens.[7]
Ein so charakterisiertes Depositum kann sich nur auf ein er-
hofftes Ideal beziehen. Die Realität in den christlichen Gemeinden am Ende des 1. Jahrhunderts bezüglich der Glaubensinhalte
dürfte anders ausgesehen haben. Zieht man die verschiedenen
theologischen Entwürfe der neutestamentlichen Schriften in Betracht, fallen sogleich unterschiedliche theologische Akzentuie-
rungen auf, durch die Grundinhalte des christlichen Glaubens
zur Sprache gebracht werden. Die Christologie des Johannes-
evangeliums ist völlig anders geartet als die des Markusevangeli-
ums, um nur ein markantes Beispiel zu nennen. Zu vielen anderen
Glaubensfragen koexistieren im Neuen Testament verschiedene
Entwürfe; die Glaubensinhalte werden ebenso wenig sprachlich
wie theologisch konzeptionell einheitlich präsentiert. Die Vorstellung eines fixen Depositums in den Past erweist sich dennoch als
wirksames Mittel, in Streitfragen eine Entscheidung herbeizuführen. Hier liegt der Ursprung, umstrittene Inhalte im Glaubensverständnis als Irrlehre zu bezeichnen und als unzulässige, ja ver-
werfliche Abweichung von der Überlieferung einzustufen.

---

[7] Formelhafte »Paulinismen« (2Tim 1,9; Tit 3,5) zeigen den Willen, »pau-
linisch« zu schreiben, aber der theologische Denkhorizont hat sich unverkennbar geändert.

Die Irrlehre

So wichtig die Polemik gegen die Irrlehre ist, so wenig wird sie systematisch vorgebracht. In den drei Briefen klingen immer wieder strittige Themen an, aber meistens plakativ und ohne nähere inhaltliche Bestimmung. Die Polemik gegen die *Irrlehre* geht oft in eine Polemik und Bekämpfung der *Irrlehrer* über.

● **Die Umstände**

Die Irrlehrer erscheinen am Ende der Zeit (1Tim 4,1; 2Tim 3,1) und gehören folglich zur apokalyptischen Szenerie. Ihr Erscheinen kennzeichnet eine Zeit, in der sich die Menschen von der Wahrheit abwenden werden, um anderen Lehren zu folgen (1Tim 4,1; 2Tim 4,3f). Die Angaben heben die einmalige Gefährlichkeit des Phänomens hervor.

● **Die Irrlehrer**

Sie möchten »Gesetzeslehrer« sein, aber sie verstehen nicht, was sie sagen (1Tim 1,7). Die Hinweise auf das Gesetz (1Tim 1,8; Tit 3,9) und auf die Beschneidung (Tit 1,10) deuten judenchristliche Herkunft an.

Sie haben ursprünglich den wahren Glauben vertreten, ihn aber später verlassen, um eine andere Lehre zu verkünden (1Tim 1,6; 4,1; 6,3; 2Tim 4,3f). Der Größe ihres Irrtums entspricht ihre sittliche Verderbtheit (1Tim 1,9f; 4,2; 2Tim 3,2–4). Zum ersten Mal in der christlichen Literatur erscheint der Terminus »Häretiker« (Tit 3,10: »häretischer Mensch«), um den zu bezeichnen, der nicht nur Mitglied einer bestimmten Partei ist, sondern darüber hinaus eine »Häresie« im Gegensatz zur »gesunden Lehre« vertritt.

● **Die Inhalte**

Sie verbieten die Ehe und halten sich von bestimmten Speisen fern (rigoristische Tendenz) (1Tim 4,3). Sie (Hymenäus[8] und Philetus) lehren, dass die Auferstehung der Toten schon Wirklichkeit ge-

---

[8] 1Tim 1,20 nennt Hymenäus und Alexander (vgl. 2Tim 4,14). Diese Gestalten werden in der altchristlichen Literatur nur hier erwähnt.

worden ist (2Tim 2,17f; vgl. Kol 2,12; Eph 2,5f). Sie beschäftigen sich mit unglaubwürdigen Erzählungen (Mythen) und endlosen »Genealogien« (1Tim 1,4; 4,7; Tit 3,9). Ihre Lehre, die sie fälschlicherweise als »Erkenntnis« (1Tim 6,20: »Gnosis«) bezeichnen, ist durch leere Reden und Antithesen gekennzeichnet.

Die wenigen präzisen Angaben über die bekämpfte Irrlehre lassen nur eine vorsichtige Charakterisierung zu. Die Auseinandersetzung entzündet sich im Raum der paulinischen Gemeinden im Rahmen der Rezeption der paulinischen Theologie. Die Gegner sind »Häretiker« nur aus der Perspektive des in den Past eingenommen Standpunkts. Sie selbst haben sich wahrscheinlich – wie ihre Gegner – als »Pauliner« betrachtet.

Inhaltlich sind judaisierende und rigoristische Tendenzen erkennbar, aber auch Fortentwicklungen paulinischer Gedanken.[9] Begriffe wie »Genealogien«, »Antithesen« und »Gnosis« können freilich auch auf die gnostischen Systeme des 2. Jahrhunderts bezogen werden.[10] Aber es handelt sich um vereinzelt gebrauchte und darum auch sehr unbestimmte Termini. In den sonstigen Aussagen der Past weist nichts auf einen systematischen Aufbau der Irrlehre hin. Daher ist es unwahrscheinlich, dass die inkriminierte »Gnosis« im Zusammenhang der Past einem der später gebildeten Systeme zugeordnet werden kann.

---

[9] Nach Röm 6,4 wurden die Christen in der Taufe mit Christus mitbegraben, um im neuen Leben zu wandeln. Paulus vermeidet die Parallelisierung von »Mitbegraben« und »Mitauferstehen«. Das wird aber in Kol 2,12 behauptet: die Christen werden in der Taufe mit Christus mitbegraben und mitauferweckt. Nach Eph 2,6 werden die Christen mitauferweckt und in den Himmel hineinversetzt. Die Behauptung des Hymenäus und Philetus, die Auferstehung sei schon geschehen, scheint die metaphorische Ebene – die Auferstehung als Metapher für das Heil in der Geschichte – des Kol 2,12 und Eph 2,6 verlassen zu haben, aber die Anschauung ist nur auf der Grundlage der paulininischen Überlieferung denkbar.
[10] Die »Genealogien« lassen sich auf die »valentinianische« Gnosis beziehen (genannt nach Valentinus, einem alexandrinischen Denker, der sich um 140/160 in Rom aufhielt). Die »Antithesen« erinnern an das gleichnamige Werk Markions, eines reichen Christen vom Schwarzen Meer, der ebenfalls um 140 in Rom tätig war.

Die Denkrichtung, die sich in der Irrlehre meldet, darf man aber als klare Vorankündigung dessen auffassen, was sich wenige Jahrzehnte später mächtig entfalten wird.

Die Gemeindeordnung

Auf einer anderen Ebene nimmt die »gesunde Lehre« neu Gestalt an in der Gemeindeordnung; hier werden den verschiedenen Gemeindegliedern unterschiedliche Rollen zugedacht. Zwei Gruppen seien im Folgenden vorgestellt:

● Die Amtsträger

Die Befähigung zur Übernahme eines Amtes in der Gemeinde wird durch Handauflegung des Presbyteriums (1 Tim 4,14) bzw. des Paulus (2 Tim 1,6) vermittelt. Im Unterschied zu den vielfältigen Gnadengaben (χαρίσματα), die Gott allen Gläubigen in der Taufe schenkt (1 Kor 12,4–30; Röm 12,3–8)[11], kommt das Wort »Charisma« (χάρισμα) in den Past nur zweimal vor, und zwar in den soeben zitierten Stellen im Zusammenhang mit der Handauflegung zur Einsetzung der Amtsträger.

Der *Episkopos*[12], nur im Singular genannt (1 Tim 3,2–7; Tit 1,7), erscheint immer zusammen mit den *Diakonen*, zu denen sowohl Männer (3,8–10) als auch Frauen (1 Tim 3,11)[13] gehören.[14] Erst 1 Tim 5,17–20 erwähnt die *Ältesten* bzw. *Presbyter*, während in Tit 1,5–7 diese Gruppe zusammen mit dem Episkopos erwähnt wird. Die von den Amtsträgern geforderten Eigenschaften sind zu wenig spezifisch, um daraus auf die jeweilige Funktion rückschließen zu können.

---

[11] S. o. 106, III. 4.2.

[12] Der Terminus wird oft mit *Bischof* übersetzt. Da der *Episkopos* hier nicht identisch ist mit dem monarchischen *Bischof* der späteren Zeit, wird der Begriff hier nicht übersetzt, um Anachronismen im Verständnis der Amtsfunktion zu vermeiden.

[13] Das Wort »diakonos« ist im griechisch männlich und weiblich, darum ist in 1 Tim 3,11 von den Frauen die Rede, um den Terminus nicht zu wiederholen. Was die »Diakone« in 1 Tim 3,8–10 und 3,11 auszeichnen soll, stimmt weitgehend überein.

[14] Über das Verhältnis des Episkopos zu den Diakonen sagen die Past nichts.

Einige Beispiele:

- Der *Episkopos:* untadelig, nur einmal verheiratet (Mann einer einzigen Frau), nüchtern, besonnen, von würdiger Haltung, gastfreundlich, fähig zu lehren, kein Trinker, nicht gewalttätig, nachgiebig, nicht streitsüchtig, nicht geldgierig, ein guter Familienvater ... (1 Tim 3,2–4); unbescholten, nur einmal verheiratet (Mann einer einzigen Frau), nicht anmaßend, nicht jähzornig, nicht gewalttätig, nicht gewinnsüchtig ... (Tit 1,7f).
- Die *Diakone:* ehrbar, nicht doppelzüngig, nicht dem Wein ergeben, nicht gewinnsüchtig, nur einmal verheiratet (Mann einer einzigen Frau), gute Vorsteher der Familie (1 Tim 3,8.12).
- Die *Frauen* (weibliche Diakone): ehrbar, nicht verleumderisch, nüchtern, in allem zuverlässig (1 Tim 3,11).
- Die *Presbyter:* unbescholten, nur einmal verheiratet (Mann einer einzigen Frau), mit gläubigen Kindern (Tit 1,6).

Der durchweg einzeln genannte »Episkopos« dürfte eine im Vergleich zu den Presbytern und Diakonen übergeordnete Rolle spielen, aber nicht in der Art des späteren monarchischen Episkopats. Wahrscheinlich wurde der Episkopos aus dem Kreis der Presbyter gewählt. Wenn das Amt des Timotheus und Titus in den Gemeinden der Past das des Episkopos ist, wäre seine Autorität hoch einzuschätzen, aber diese Gleichsetzung ist nicht sicher.

Die vorrangigen Aufgaben des kirchlichen Amtsträgers lassen sich aus den Anweisungen des Apostels ermitteln, und sie werden mustergültig von Timotheus und Titus wahrgenommen. Allgemein handelt es sich um die Bewahrung des überlieferten Glaubensinhaltes (1Tim 6,20; 2Tim 1,12.14), präziser um die Verkündigung der »gesunden Lehre« (1Tim 4,11; 5,7; 6,2) und die entschiedene Bekämpfung der Irrlehre (1Tim 1,3f; 4,7; 6,3–5; 2Tim 4,3–5; Tit 1,13f; 2,15; 3,9f). Es fällt auf, dass dieser thematische Schwerpunkt andere Pflichten der Amtsträger, etwa im liturgischen Bereich, unerwähnt lässt.

● **Die Rolle der Frau**

Im Vergleich zur Rolle der Frau in den paulinischen Gemeinden in der Zeit des Apostels (vgl. 1Kor 11,4–5; Röm 16,1–2.3.6–7.12) lässt sich in den Past eine Einschränkung des Wirkungskreises der Frau auf den Raum des Hauses und auf die Mutterschaft feststellen (1Tim 2,9–15). Das bekannte Wort 1Kor 14,33b-36 – »die Frauen sollen in der Versammlung schweigen ...« – spiegelt diese Entwicklung wider. Wahrscheinlich handelt es sich hier um eine spätere Glosse, die, im Milieu der Past entstanden, in der Zeit der Sammlung der Paulusbriefe dem 1Kor angefügt wurde. Die Bestimmung ist mit dem Kontext in 1Kor 11,4–16 unvereinbar. Wenn in 1Tim 3,11 Frauen gemeint sind, die in den Gemeinden als Diakoninnen tätig sind, dann war die aufgezeigte Entwicklung zumindest nicht durchgängig.

Der Abschnitt über die Witwen (1Tim 5,3–16) überrascht wegen seiner Länge und der Genauigkeit der Bestimmungen. Die »wirklichen« Witwen (5,3.5.16), deren Eigenschaften und sozialer Stand genau angegeben werden, bekleiden ein Amt (5,9), das von der Gemeinde getragen wird (5,16). Der gesellschaftliche Hintergrund für die Entstehung einer solchen Einrichtung ist unklar. Sind die Gemeinden im geographischen Raum der Past derart schnell gewachsen, dass Maßnahmen zum Schutz der Witwen getroffen werden mussten?

Das Gemeindeideal als theologisches Problem

Wie in keinem anderen Text des Paulinismus zeigt sich in den Past eine starke Verschiebung der theologischen Schwerpunkte, gemessen an der Theologie des Paulus. Besonders im Hinblick auf die christliche Gemeinde wird dies besonders deutlich,[15] und zwar zum Nachteil der Past. Es wäre gewiss zu einfach, die Entwicklung von Paulus zu den Past als einen Dekadenzprozess »vom Geist zur Institution«, »vom Charisma zur Struktur« zu charakterisieren, als würde sich das eine dem anderen unversöhnlich entgegensetzen; auch lassen solche Abstrahierungen es nicht zu, die jeweilige theologische Position genau

---

[15] S. o. 102–104, III. 4.

zu umreißen. Andererseits lässt es sich auch nicht leugnen, dass sich im Gemeindebild der Past ein Prozess zunehmender Institutionalisierung widerspiegelt. Theologisch höchst relevant ist darüber hinaus die Tatsache, dass die Tauftheologie – nur in Tit 3,5 bezeugt – das Gemeindeverständnis in keinerlei Weise beeinflusst, während sie bei Paulus konstitutive Bedeutung besitzt.[16] Unmittelbare Konsequenz davon ist die Beschränkung des Charismas auf die Amtsträger (1 Tim 4,14; 2 Tim 1,6).

Die aufgezeigte Entwicklung zeigt bestens den engen Zusammenhang von Theologie und Geschichte. Gerade weil die Wirklichkeit der Gemeinde am Ende des 1. Jahrhunderts eine andere geworden war als zur Zeit des Paulus, entsteht hier eine anders geartete Theologie. Die Probleme in den Gemeinden – besonders im Verständnis des Glaubensinhaltes – waren nicht mehr innerhalb der Strukturen des Anfangs zu bewältigen. Darum sind andere Formen entstanden – die Bestimmungen über das kirchliche Amt –, die in den Past durch den fiktiven Rückbezug auf Paulus ihre Legitimation erhielten.

Zweifelsohne gibt es theologische Grundanschauungen, die allen Veränderungen des historischen Hintergrundes zum Trotz maßgebend und unverzichtbar bleiben müssen, aber es gibt keine zeitlos gleichbleibende Theologie. Jeder theologische Diskurs trägt die Merkmale seiner Entstehungsgeschichte – auch wenn der Diskurs sich einer bestimmten Überlieferung verpflichtet weiß, wie in den Past. Übertragen auf unsere Frage heißt das, dass beides zu beachten ist – die Unterschiede im Hinblick auf Paulus und der ureigene Entstehungsort der Texte –, will man zu einem geschichtlichen Verständnis der Past kommen.

Jeder Versuch, sich in der Frage des Gemeindeverständnisses von Paulus inspirieren zu lassen, wird sich mit dem gleichen Problem auseinanderzusetzen haben, das auch die Past beschäftigt. Die Treue zur Überlieferung angesichts einer veränderten Situation, die ihrerseits Treue zur Geschichte erfordert, besteht nicht in Wiederholung, sondern in der Interpretation und in der Anwendung. Mit all ihren positiven und fraglichen Aspekten

---

[16] S. o. 104, III. 4.1.

sind die Past das konkrete Beispiel für solche Interpretation und Anwendung. Hier kommt das Problem einer angemessenen Interpretation paulinischen Denkens als theologische Aufgabe zum Vorschein.

1.4.3. Anlass und Zeit

Alle drei Texte sind in einer ähnlichen Lage entstanden. Der tatsächliche historische Hintergrund der Past wird uns in einem zweiten Schritt beschäftigen. Zuerst geht es um die in jedem Schreiben dargelegte Kommunikationssituation zwischen dem fiktiven Paulus und seinen beiden Schülern und Mitarbeitern.

Nach *1 Tim* ist Paulus nach Mazedonien abgereist und hat Timotheus in Ephesus zurückgelassen (1Tim 1,3). Die geographische Entfernung und die Beauftragung des Timotheus durch die Handauflegung des Presbyteriums (d. h. des Kollegiums der Ältesten, wohl in Ephesus [vgl. Apg 20,17]) begründen sowohl die schriftliche Form der Kommunikation – wenngleich Paulus hofft, bald zu ihm zu kommen (3,14; 4,13) – als auch den Inhalt der Anweisungen. Timotheus ist zwar als ein junger Mensch dargestellt (4,12), aber er trägt die Hauptverantwortung, von Paulus selbst übertragen, für die Bewahrung der »gesunden Lehre« (1,10; 6,3), für die Auswahl der Amtsträger (3,1–13) und für ihre Einsetzung durch Handauflegung (5,22), ja überhaupt für die Ordnung in der Gemeinde.[17] – Die Reise des Paulus von Ephesus nach Mazedonien ist in Apg 20,1f dokumentiert, aber dass Timotheus in Ephesus geblieben ist und noch dazu eine führende Position inne hatte, davon ist nirgendwo die Rede. Als Paulus 2Kor schreibt, ist Timotheus in seiner Nähe (2Kor 1,1).[18]

In *2 Tim* hat sich die Lage verändert. Paulus befindet sich im Gefängnis in Rom (1,8; 1,16f), wo er bereits vor den römischen Behörden eine erste Verteidigungsrede vorgetragen hat (4,16).

---

[17] Eine ähnliche Lage stellt Apg 20,28–32 dar.
[18] Nähere Angaben sind wegen der umstrittenen Frage der literarischen Einheit des 2Kor nicht möglich.

Timotheus soll ihn noch vor dem Winter besuchen (4,21). Die Angaben zu seiner Reise über Troas (4,13) setzen voraus, dass sich Timotheus in der Fiktion des Briefes in Ephesus aufhält. Der Verfasser des Schreibens weiß, dass Rom die letzte Station im Leben des Paulus war. Dementsprechend haben die Anweisungen des Apostels mit seinen wiederholten Aufforderungen den Charakter eines Testaments, das als Ausdruck des unwiderruflichen »letzten Willens« unbedingten Gehorsam verlangt. – Nach Apg 20,4 ist Timotheus einer der Begleiter des Paulus, als er Ephesus verlassen musste. Nach dieser Einzelheit wird Timotheus nicht mehr erwähnt.

Nach *Tit* befindet sich Paulus in Nikopolis, in der griechischen Provinz Epirus. Von dort aus schreibt er an Titus, den er in Kreta zurückgelassen hat, damit dieser die vom Apostel in Angriff genommenen Aufgaben zu Ende führt (1,5). Die Tätigkeit des Titus ist zeitlich begrenzt. Wenn Paulus Artemas und Tychikus nach Kreta schickt, soll sich Titus mit ihm in Nikopolis treffen, wo sie den Winter verbringen werden (3,12). In dieser Zeitspanne soll er die Anweisungen gemäß der im Brief enthaltenen Gemeindeordnung verwirklichen. – Apg 27,7f berichtet von einem flüchtigen Kontakt des Paulus mit einem Hafen der Insel Kreta, aber nicht von einer Tätigkeit dort. Den Winter darauf verbringt er auf Malta (Apg 28,1.11). Die Stadt Nikopolis und ein Aufenthalt dort sind nur in Tit 3,12 erwähnt. Auffällig sind die vielen Gemeinsamkeiten mit 1Tim.

Von der umrissenen Kommunikationssituation her betrachtet, lässt sich keines der drei Schreiben irgendeiner Etappe der paulinischen Mission zuordnen. Ihre Entstehung setzt ein gänzlich anderes Szenarium voraus, und das ist durch die Lage in der Gemeinde bestimmt, wie bereits dargelegt wurde.[19]

Die Einheitlichkeit der Sprache und der Theologie begünstigt die Annahme *eines* Verfassers der drei Texte. Sicher ist allerdings nur die Entstehung im gleichen Milieu. Von den drei Brie-

---

[19] S. o. 131–137, IV. 1.4.2.

fen dürfte 2Tim der jüngste sein. Dafür sprechen die vielen persönlichen Notizen (2Tim 4,9–21) mit dem Ziel, die Tatsache seiner Pseudepigraphie, d. h. den Umstand, dass der Verfasser ein anderer ist als Paulus, zu verbergen und zur Annahme des Briefes zu bewegen.

Als *Entstehungsort* wird meist Kleinasien angegeben. Nach der Apg hat Paulus in diesem Raum eine rege Tätigkeit entfaltet. Bei der Ortsangabe handelt sich aber nur um eine Hypothese, die sich argumentativ nicht erhärten lässt.

Die beachtlichen Unterschiede gegenüber paulinischem Denken machen eine Frühdatierung sehr unwahrscheinlich. Die bekämpfte Irrlehre gehört aber nicht der Gnosis des 2. Jahrhunderts an, sodass eine Spätdatierung um 140 ebenso problematisch ist. So bleibt als mögliche Entstehungszeit der Briefe die Wende zum 2. Jahrhundert, etwa zwischen 90 und 110.

2. Paulus im 2. Jahrhundert

Die Wirkungs- und Rezeptionsgeschichte des Paulus im 2. Jahrhundert ist außerordentlich komplex und vielschichtig. Im Folgenden können nur einige bedeutsame Aspekte herausgestellt werden.

2.1. Die Sammlung der Paulusbriefe

Die 13 im Neuen Testament enthaltenen Briefe, die von Paulus oder in seinem Namen geschrieben wurden, sind innerhalb einer Zeitspanne von 50 bzw. 60 Jahren entstanden. Ursprünglich gehörten diese Briefe den Gemeinden, an die sie adressiert waren. Bei der Bedeutung des Apostels in den Gemeinden, die von ihm gegründet worden waren bzw. die mit ihm im engen Kontakt standen, darf man annehmen, dass Abschriften von diesen Schreiben angefertigt und den anderen Gemeinden zugeschickt wurden.

Ein erstes Zeugnis für diesen Vorgang liefert der Brief der römischen Gemeinde an die Gemeinde in Korinth, der so genannte *Erste Klemensbrief* – zwischen 90 und 100 entstanden –, der 1Kor erwähnt (I Clem 47, 1) und einige Motive aufnimmt (vgl. I Clem 37, 5; 38, 1; 49, 1–6 usw.). I Clem 35, 5f verwendet ebenfalls Röm 1,20–32, aber die Quelle wird dabei nicht angegeben. – Im Brief des *Polykarp an die Philipper* – um 140 – gibt es eine Anspielung auf den Anfang des paulinischen Phil (PolPhil 11, 3), wie im Brief des *Ignatius an die Epheser* im Hinblick auf den deuteropaulinischen Eph (IgnEph 12, 2). – Der Verfasser des 2. *Petrusbriefs* (um 120–130) scheint schon eine Briefsammlung gekannt zu haben, wenn er von den endzeitlichen Fragen spricht, über die Paulus in »allen Briefen« geschrieben hat (2Petr 3,15f).

Daraus darf man schließen, dass spätestens zu Beginn des 2. Jahrhunderts die Briefe des Paulus – sicherlich nicht alle – bereits als Sammlung im Umlauf waren. In den Jahrzehnten darauf mehren sich die Zeugnisse darüber.

Das Neue Testament *Markions* (vor 145 in Rom) enthält die Paulusbriefe (ohne die Past) in folgender Reihenfolge: Gal – 1/2 Kor – Röm – 1/2 Thess – Eph (= Laod) – Kol – Phil – Phlm.

In den fünf Büchern »Gegen die Häresien« (Adversus Haereses = haer.) des *Irenäus von Lyon* (180–185) werden alle Briefe des Paulus mit Ausnahme des Phlm erwähnt bzw. zitiert. In welcher Reihenfolge Irenäus die Sammlung der Briefe gekannt hat, lässt sich nicht ermitteln.

Der *Kanon Muratori*[20] (um 200) bezeugt ebenfalls die 13 Briefe, aber in einer eigentümlichen Reihenfolge: 1/2 Kor – Eph – Phil – Kol – Gal – 1/2 Thess – Röm – Phlm – Tit – 1/2 Tim.

Aus der Zeit um 200 stammt auch der *Papyrus Chester Beatty* (𝔓 46), der leider nicht vollständig erhalten ist. Die Briefe werden hier in folgender Reihenfolge überliefert: Röm – Hebr – 1/2 Kor – Eph – Gal – Phil – Kol – 1/(2) Thess. Dass der Hebräerbrief gleich nach Röm erscheint, ist nur auf den ersten Blick auffällig. Sehr wahrscheinlich repräsentiert 𝔓 46 eine im Osten verbreitete Über-

---

[20] Das Fragment wird nach L.A. Muratori, dem Bibliothekar der Bibliotheca Ambrosiana in Mailand benannt, der 1740 das Fragment, das er in einer Handschrift aus dem 8. Jahrhundert entdeckt hatte, herausgab.

lieferung, die nicht mit 13, sondern mit 14 Paulusbriefen rechnete. Dazu gehörten auch die Past und Phlm.

Am Ende eines Prozesses, der sich nicht mehr vollständig rekonstruieren lässt, stand die Abfolge mit dem Hebr nach Phlm fest, die für die Zukunft maßgebend blieb. Zwei Kriterien waren dabei bestimmend: (1) Die Briefe, die an Gemeinden adressiert waren, wurden den Schreiben, die an Einzelpersonen gerichtet waren, vorgeordnet; (2) innerhalb dieser Ordnung wurde nach dem Umfang des jeweiligen Textes geordnet, so steht am Beginn der Paulusbriefe also Röm. Die Einordnung des Hebr nach Phlm will dem besonderen Charakter des Schreibens Rechnung tragen; Hebr ist weder an eine geographisch lokalisierbare Gemeinde noch an eine Einzelperson adressiert, aber er wurde für einen Paulusbrief gehalten.[21]

2.2. Die »memoria Pauli«

Der Tod des Apostels setzt seiner schriftstellerischen Tätigkeit ein Ende und eröffnet die Zeit, in der andere über ihn schreiben. In unterschiedlichen literarischen Gattungen und Formen sowie theologischen Absichten zeichnen die Apg, die Past, 1Petr und 2Petr ein jeweils unterschiedliches Paulusbild. Merkwürdigerweise wird dabei der Tod des Paulus nie erwähnt. Zum Ende des 1. Jahrhunderts bekundet die römische Gemeinde dem Märtyrer ihre Verehrung: »Nachdem er die ganze Welt Gerechtigkeit gelehrt hatte und bis an die Grenzen des Westens gekommen war und vor den Herrschern Zeugnis abgelegt hatte, schied er so aus der Welt und gelangte an den heiligen Ort – das größte Vorbild für Ausdauer« (I Clem 5, 7). Die *Epistula Apostolorum*, ein Gespräch zwischen dem auferstandenen Herrn und den Aposteln (um 150), enthält eine ähnliche Überlieferung: »... und die Vollendung des Bekenntnisses zu mir wird über ihn kommen« (EpAp 31).

---

[21] Im katholischen Bereich verteidigte die Päpstliche Bibelkommission noch am 24. Juni 1914 die paulinische Verfasserschaft des Hebr.

Gegen Ende des 2. Jahrhunderts zeichnet sich in der christlichen Literatur die Tendenz ab, die unvollständigen Angaben des Neuen Testaments über die Person des Apostels zu ergänzen. Offenbar stand im Hintergrund das Interesse vieler Christen, mehr über Paulus zu erfahren wie überhaupt über alle Apostel. Die Gattung der Apostelakten breitete sich in der folgenden Zeit dementsprechend aus.

Den *Paulusakten* (um 185–195) verdanken wir die einzige genaue Beschreibung der physischen Erscheinung des Apostels:

> »Er (Onesiphorus) sah aber Paulus kommen, einen Mann klein von Gestalt, mit kahlem Kopf und krummen Beinen, in edler Haltung mit zusammengewachsenen Augenbrauen und einer klein wenig hervortretenden Nase, voller Freundlichkeit; denn bald erschien er wie ein Mensch, bald hatte er eines Engels Angesicht« (ActPl 3, 3).

Die Angaben der Apg werden in den Paulusakten an Ausführlichkeit mit Abstand übertroffen: von den Anfängen in Damaskus bis zum eindrucksvollen Bericht vom Martyrium des Paulus. Die Erbauungsschrift will auch unterhalten, aber ebenso belehren. Zwei Themen ragen dabei heraus: Paulus als Lehrer der Askese, besonders der Enthaltsamkeit, und als Lehrer der Auferstehung (ActPl 3, 5). Das erste Thema wird in der Gestalt und den Taten der Jungfrau Thekla anschaulich gemacht (ActPl 3, 7–43), das zweite dokumentiert der in den Paulusakten später eingebaute *Dritte Korintherbrief*. Das Schreiben stellt sich als Antwort des Apostels auf einen Brief der Korinther vor. In der Gemeinde seien Irrlehrer aufgetreten, die unter anderem behaupten, »es gäbe keine Auferstehung des Fleisches« (3Kor 1, 12). Die Antwort des Paulus verweist auf den Auferstandenen als das Urbild für die Auferstehung des Fleisches (3Kor 3, 6). An die Adresse der Irrlehrer heißt es: »Die euch aber sagen, es gäbe keine Auferstehung des Fleisches, für die wird es keine Auferstehung geben, die nicht an den so Auferstandenen glauben« (3Kor 3, 24f).

Die Formulierung ist deswegen bemerkenswert, weil Paulus in seinen Briefen nie von der Auferstehung des Fleisches spricht. Der Gegenstand der Auferstehungshoffnung ist ein »geistiger Leib« (1Kor 15,44), denn »Fleisch und Blut können das Gottesreich nicht erben (1Kor 15,50). In der Auseinandersetzung mit den Gnostikern entwickelt sich in der Großkirche nach 150 die Prägung von der »Auferstehung des Fleisches« zu einem Bestandteil des Glaubensbekenntnisses. Anliegen und Begrifflichkeit des 3Kor spiegeln diese Entwicklung wider.

»Wer Paulus nicht anerkennt, der vom Herrn erwählt ist, um mit Freimut seinen Namen zu den erwähnten Heiden zu tragen, der verachtet die Erwählung des Herrn und trennt sich selbst von der Gemeinschaft der Apostel« (haer. III, 15, 1). Mit dieser Aussage bringt *Irenäus* die Bedeutung des Apostels auf den Punkt. Kein anderer Theologe aus der Großkirche hat sich im 2. Jahrhundert mit Paulus so intensiv beschäftigt wie der Bischof von Lyon. Er wusste von der theologischen Relevanz des Apostels in häretischen Kreisen, und wie sie ihn interpretierten (haer. I, 3, 1.4; 8, 2–5; 21, 2; 27, 2; III, 2, 1; IV, 41, 4). Aufgrund dessen unterzieht Irenäus die paulinischen Schriften einer Neuinterpretation (haer. III, 7, 1f), um sie einerseits als Beleg für die Wahrheit des Glaubens heranzuziehen, und andererseits, um die gnostische Auslegung des Paulus als falsch zu entlarven. Zentrale Glaubensinhalte werden durch die Berufung auf Paulus und seine Autorität ausdrücklich untermauert:

- Der Glauben an den einen Gott, Schöpfer und Erlöser (haer. II, 2, 6; 30, 6; III, 6, 5 u. ö.).
- Die Sendung des Sohnes zum richtigen Zeitpunkt der Heilsgeschichte (haer. III, 16, 7; 21, 4).
- Die tatsächliche Fleischwerdung des Erlösers (haer. III, 22, 1; IV, 41, 4).
- Die Auferstehung Christi und die Auferstehung des Fleisches (haer. V, 7, 1; 13, 3–5).
- Der Menschgewordene als der einzige Erlöser (haer. III, 16, 9; 18, 2f; 20, 2).
- Das Erscheinen des Antichrists am Ende der Zeit (haer. V, 25, 3).
- Die Zukunft der Schöpfung (haer. V, 36, 3).

Irenäus baut das von den Past überlieferte Paulusbild weiter aus (vgl. haer. III, 3, 4; IV, 26, 5). Gemeinsam mit Petrus hat er die Gemeinde in Rom gegründet und organisiert. Später haben beide Linus zu ihrem Nachfolger als Bischof eingesetzt (haer. III, 3, 2f). Schon am Anfang seines großen Werkes (haer. I, Vorrede 1) zitiert Irenäus 1Tim 1,4 und gibt damit zu erkennen, dass er seine Aufgabe als Hüter der Wahrheit des Glaubens in Kontinuität mit dem Auftrag sieht, den Paulus seinen Schülern anvertraut.

Die Rezeption paulinischer Theologie vollzieht sich im Rahmen eines theologischen Konzepts, zu dem auch andere Ansätze – die johanneische Theologie, das Matthäusevangelium – gehören. Zwei Themen, denen in der Theologie des Irenäus zentrale Bedeutung zukommt, bezeugen diese Rezeption:

- Der Heilsplan (οἰκονομία; dispositio bzw. dispositio salutis): Der eine Gott des biblischen Glaubens ist der Gott der Heilsgeschichte, deren verschiedene Etappen (Alter Bund, Beschneidung, Gesetz) zu Christus, dem Endziel des Gesetzes, hinführen (haer. IV, 5, 1 –13, 4 u. a.).

- Die Zusammenfassung bzw. Rekapitulation (ἀνακεφαλαίωσις, recapitulatio): Den Beschluss Gottes, »alles in Christus zusammenzufassen« (Eph 1,10), interpretiert Irenäus als Verwirklichung des Heilsplanes Gottes. Die Erschaffung des Menschen, des ersten Adams, wird durch die Fleischwerdung des Erlösers »rekapituliert«. Die gefallene Menschheit erhält in Christus zurück, was sie in Adam verloren hat (haer. III, 18, 1). Nicht so sehr der Inhalt von Eph 1,10 als vielmehr jener von Röm 5,12–21 kommt hier neu zur Sprache.[22]

2.3. Der »apostolus haereticorum«

Nicht nur Irenäus kannte das Interesse der Häretiker an Paulus und seinen Schriften. Tertullian (um 160 –220) bezeichnet ihn sogar als »Apostel der Haeretiker« (adv. Marc. 3, 5, 4). Unabhängig davon, ob man *Markion* für einen Gnostiker hält oder

---

[22] Grundlegendes zum Thema bietet die Monographie von *R. Noormann*, Irenäus als Paulusinterpret. Zur Rezeption und Wirkung der paulinischen und deuteropaulinischen Briefe im Werk des Irenäus von Lyon, Tübingen 1994.

nicht[23], lässt sich sein theologischer Ansatz als »radikalisierter Paulinismus« charakterisieren. Sein einziges Werk, die »Antithesen«, ist verloren gegangen, sodass seine Lehre nur aus den Aussagen rekonstruiert werden kann, die die Schriftsteller der Großkirche – die gegen ihn polemisieren – hinterlassen haben.

Der Titel »Antithesen« bezieht sich auf die von Markion behauptete Gegenüberstellung zwischen dem bösen Schöpfergott und dem guten Gott Jesu Christi, zwischen dem Alten Testament der Juden und dem Neuen Testament der Christen, zwischen Gesetz und Gnade. Fragt man sich, wie ein christlicher Theologe derart krasse Gegensätze konstruieren konnte, liegt die Antwort in einer überspitzten paulinischen Theologie, aus der Markion Konsequenzen zieht, die der Jude Paulus sicherlich nie gezogen hätte; aber das gehört zweifelsohne zur Wirkungsgeschichte.

Die Verkündigung des Apostels, dass sich die Gerechtigkeit Gottes jetzt unabhängig vom Gesetz offenbart (Röm 3,21), dass sich in dieser Gerechtigkeit der Gott der Vergebung und des Erbarmens kundtut (3,25f), dass dank seiner Gnade durch die Erlösung in Jesus Christus die Menschen ohne jeden Verdienst vor ihm gerecht werden (3,24), dass durch die Werke des jüdischen Gesetzes niemand vor Gott gerecht werden kann (Gal 2,16; Röm 3,27f), dass das jüdische Gesetz den Fluch über die Menschen mit sich bringt (Gal 3,10) – diese und ähnliche Aussagen bildeten die Grundlage, auf der Markion mit großer Kühnheit seine Theologie errichtete.

Die Neuheit des Christentums als unerwartete Gnade stellt Markion in extremer Radikalität dar. Da der gute Gott Jesu Christi der Welt und ihrer Geschichte gegenüber völlig »fremd« ist, gibt es keine Ankündigung der Erlösung bzw. des Erlösers. Dieser konnte unmöglich ganz Mensch werden, ohne die Qualität des Göttlichen preiszugeben, aber musste als Mensch erscheinen – »in seiner äußeren Erscheinung wurde er als ein Mensch erfunden« (Phil 2,7) –, um die gefallenen Menschen

---

[23] Seine radikale Abwertung der Welt und der Materie sind nur von der Gnosis her zu verstehen.

mit seiner Botschaft zu erreichen. Die Fremdheit Gottes und des Erlösers kann nur im Glauben überwunden werden, der sich ausschließlich als Gnade erweist. Solange der Gläubige in der Welt bleibt, lebt er in der Fremde. Sein Glaube muss sich hier bewähren, bis diese Welt und die gesamte Schöpfung zugrunde gehen und der gute Gott allein herrscht (1Kor 15,24).

Die römische Kirche erkannte bald den tiefgehenden Bruch mit der Tradition, die mit der Position Markions verbunden war, und schon im Jahr 144 kam es zur Trennung von ihm und seinen Anhängern. Die Gemeinden, in denen die Ideen Markions fortwirkten, sind im Westen bis ins 4. Jahrhundert bezeugt, im Osten noch länger. Theologiegeschichtlich öffnet die Auseinandersetzung mit seinem Denken den Weg zum Verständnis der Kanonbildung und somit einer entscheidenden Phase in der Geschichte der Alten Kirche.[24]

In den *Exzerpten aus Theodot*, einer von Klemens von Alexandrien angefertigten Sammlung von Aussagen der valentinianischen Gnosis, wird Paulus als »Apostel der Auferstehung« bezeichnet (exc. Theod. 23, 2). Im Hinblick auf die Rezeption paulinischer Theologie in der Gnosis ist der Ausdruck sachlich korrekt. Anhand von 2Tim 2,17f wurde die Entwicklung in der paulinischen Literatur skizziert, der die Behauptung des Hymenäus und des Philetus zugrunde liegt.[25]

Die Gnosis betrachtet die Welt und die Materie durch und durch negativ. Sofern sich die Gnostiker als christliche Theologen ansahen, mussten sie das Bekenntnis zur Auferstehung des Leibes bzw. des Fleisches in einer Weise interpretieren, die auch dem gnostischen Selbstverständnis gerecht werden konnte. Die bereits festgestellte Wandlung des Sprechens über die Auferstehung in der paulinischen Überlieferung lieferte ihnen wichtiges Material, um diese Aufgabe zu vollbringen. Im An-

---

[24] Das Standardwerk von *A.v. Harnack*, Marcion. Das Evangelium vom fremden Gott, Leipzig [2]1924, ist auch heute noch bei der Beschäftigung mit Markion unverzichtbar.

[25] S. o. 131f.

schluss an Kol 2,12 wird die Taufe zum Ort der Auferstehung. Irenäus berichtet von der Überzeugung der Schüler Menanders – Nachfolger des Simon Magus –, durch die Taufe auf Christus die Auferstehung erlangt zu haben. Als Unsterbliche würden sie nicht alt werden (haer. I, 23, 5).

Der *Brief an Rheginos*, ein Lehrbrief eines gnostischen Lehrers an seinen Schüler Rheginos, zitiert frei den Apostel: »Wir haben mit ihm gelitten und wir sind mit ihm auferstanden und wir sind mit ihm zum Himmel gefahren« (Rheg. 45, 25–28). In diesen Aussagen sind mehrere Stellen aus den Paulusbriefen miteinander verbunden: Röm 8,17b: »… wenn wir mit ihm leiden, um mit ihm auch verherrlicht zu werden«; Kol 2,12: »In der Taufe wurdet ihr … mit ihm mitauferweckt«; Eph 2,6: »Er hat uns in Christus Jesus mitauferweckt und mitversetzt in den Himmel«.

Das *Philippusevangelium* zitiert 1Kor 15,50: »Fleisch und Blut können das Reich Gottes nicht erben« (EvPhil § 23b). Nach Irenäus wurde genau diese Aussage von den Häretikern zitiert, um zu zeigen, dass es für den Leib keine Rettung gibt (haer. V, 9, 1).[26] In diesem Fall geht es aber nicht um die Bestätigung der eigenen Ansicht über die Unmöglichkeit der Auferstehung des Fleisches, sondern um eine differenzierte Sicht des Problems. Das Fleisch, das das Reich Gottes nicht erben kann, ist »das Fleisch, das wir an uns tragen«. Es gibt aber ein anderes Fleisch, das es sehr wohl erben kann, und das ist »das Fleisch Jesu und sein Blut.« Das Zitat aus Joh 6,53: »Wer mein Fleisch nicht essen und mein Blut nicht trinken wird, hat kein Leben in sich«, weist auf die Eucharistie als die Möglichkeit für die Gläubigen hin, diesem Fleisch und Blut teilhaftig zu werden. Das Bekenntnis zur Auferstehung des Fleisches wird aufrechterhalten, aber es beinhaltet hier etwas anderes als das Bekenntnis der Großkirche. »Unser Fleisch ist nämlich kein wahres Fleisch. Wahr ist nur das Fleisch des Auferstandenen« (EvPhil § 72c).

---

[26] Der Widerlegung dieser Ansicht widmet er einen langen Abschnitt (haer. V, 9, 1–14, 4).

Sowohl Irenäus, der prominenteste Vertreter der Großkirche bei der Verteidigung der Auferstehung des Fleisches, als auch die Gnostiker, aus denen der Brief an Rheginos und das Philippus-evangelium hervorgegangen sind, berufen sich auf Paulus, um ihre Ansichten zu untermauern. Die Bemühungen auf beiden Seiten sind nachvollziehbar. Ob sie die Gedanken des Apostels richtig erfasst haben, ist fraglich. Die völlige Andersartigkeit der auferstandenen Leiblichkeit, die im paradoxen Ausdruck eines »geistigen Leibes« gipfelt (vgl. 1Kor 15,39–44), ist unvereinbar mit der Beteuerung, »dieses Fleisch wird auferstehen«; die verklärte Leiblichkeit als unabdingbare Komponente jeder menschlichen Vollendung ist aber ebenso unvereinbar mit einer restlosen Spiritualisierung der Hoffnung.

3. Das paulinische Vermächtnis

Bei der Behandlung der Wirkungsgeschichte des Paulus haben wir uns auf den »Paulinismus« und auf wichtige Stimmen aus dem 2. Jahrhundert beschränkt.

Man könnte sich mit diesem Rückblick zufrieden geben. Eine Gestalt wie die des Paulus entlässt aber jeden, der sich mit ihm auseinandersetzt, nicht einfachhin, als würde die historisch orientierte Betrachtung vollauf genügen. Die »memoria Pauli« vergegenwärtigt sich in jeder Auslegung seiner Texte, und diese »memoria« wirft Fragen auf, regt zum Nachdenken an, bleibt heilsam beunruhigend.

Was folgt, ist nur eine sehr subjektive und kleine Auswahl von Themen, die etwas vom paulinischen Vermächtnis zur Sprache bringen will, wie es bei der »memoria Pauli« vernommen werden konnte.

Texte wie der Brief an die Galater oder jener an die Römer sind Gegenstand von gelehrten und umfangreichen Kommentaren, Detailfragen wurden in unzähligen Abhandlungen und Aufsätzen erörtert, und es besteht kein Anlass zu meinen, in Zukunft würde es anders sein. Der Reichtum der paulinischen Theologie wirkt wie eine nie versiegende Quelle, die für die christliche Theologie eine immerwährende Herausforderung darstellt.

Jedem, der von diesem Reichtum erfahren hat, stellt sich die Frage nach dem ursprünglichen Rezeptionsprozess der Briefe. Haben die Christen in Korinth, Galatien oder Rom, die keine »Theologen« waren – viele von ihnen gehörten nicht einmal zum Kreis der Gebildeten –, die an sie adressierten Briefe verstanden? Der jüngste Zeuge der neutestamentlichen Literatur bemerkt, dass manches in den Paulusbriefen »schwer verständlich ist« (2Petr 3,16b). Hat der Apostel seine Gemeinden nicht hoffnungslos überfordert, indem er ihnen mit seinen Briefen – gegen seine eigene Beteuerung – nicht Milch zu trinken gegeben hat, sondern überaus feste, ja harte Speise (1Kor 3,2)?

Über Ausmaß und Art der Rezeption der Briefe wissen wir nichts. Auf jeden Fall hat Paulus geglaubt, dass die Gläubigen in der Lage waren, die Botschaft seiner Briefe zu verstehen. Ohne diese Überzeugung hätte er nicht geschrieben.

Freilich muss man zugestehen, dass jede Beurteilung in der Frage nach der Rezeption der Briefe mit einem bestimmten Verständnis von der Sprache der Theologie zusammenhängt, in der sich wiederum die Sprache der Gegenwart widerspiegelt. Aus dieser Perspektive heraus stellt sich eine Rückfrage an uns: Ist nicht die Verarmung der theologischen Sprache auch eine Ursache für unsere Schwierigkeit, Paulus zu verstehen, die nun auf die paulinischen Gemeinden zurückprojiziert wird? Es geht nicht darum, die Sprache des Paulus einfach zu wiederholen oder das Sprachproblem der Theologie in der heutigen Gesellschaft zu verharmlosen. Aber die Briefe des Paulus erinnern an die eigentlichen Themen christlicher Theologie: der rettende Gott aus Gnade, die Erlösung durch den gekreuzigten Herrn, die Gabe des Geistes an alle Getauften, die gläubige Existenz des Christen in der Welt bis zur Vollendung. Auf indirekte Weise lassen sich die Paulusbriefe als Gegenstück zu jeder inhaltlichen Banalisierung der Theologie verstehen, deren Diskurs sich am Ende in Irrelevanz auflöst.

Selbst in den von ihm gegründeten Gemeinden war die Beziehung zu Paulus nicht immer ungetrübt. Von behutsam diplomatischem Umgang mit Konflikten kann bei ihm keine Rede sein. Den apostolischen Dienst versteht Paulus als bedingungslose Hingabe für die ihm anvertraute Sache, die »Wahrheit des Evangeliums« (Gal 2,5.14) als unaufgebbaren Maßstab.

Eine Kirche frei von Spannungen und Konflikten gab es nie. Mag die Lektüre der Apostelgeschichte den Eindruck entstehen lassen, die Kirche des Anfangs sei ein Vorbild für Eintracht und Harmonie – es genügt der kurze Blicke in die Paulusbriefe, um zu wissen, dass die Realität der Kirche auch damals eine andere war. Von Paulus kann man lernen, dass kirchliche Konflikte sich nicht in steriler Auseinandersetzung erschöpfen müssen, sondern dass sie außerordentlich fruchtbar sein können. Wie viel verdankt die christliche Theologie den Konflikten zwischen dem Apostel und seinen Gemeinden? Sie wirkten wie Katalysatoren, die seine ungewöhnliche Denkkraft herausforderten und zur Entfaltung brachten. Man denke an das Auftreten von einigen Judenchristen in den Gemeinden Galatiens, an das dort entstandene Problem und schließlich an die schriftliche Reaktion des Paulus im Galaterbrief. Die Fruchtbarkeit des Konflikts zeigt sich nicht zuletzt darin, dass diese Reaktion eine theologische Dimension erreicht, die weit über den ursprünglichen Rahmen des Konflikts hinausgeht. Die durch und durch konkret in einem bestimmten situativen Kontext entstandene Theologie sprengt die mit der Situation gegebenen Grenzen, um allgemeine Gültigkeit zu erlangen.

Im Zusammenhang mit den Grundlinien paulinischer Theologie war oben von der »charismatischen Ordnung« der Gemeinde die Rede.[27] Die Past wurden sodann als Zeugen für eine Entwicklung herangezogen, die sich in den paulinischen Gemeinden selbst vollzog.[28] Die in den Past hervorgehobene Bedeutung des Amtes – verständlich im Zusammenhang mit

---

[27] S. o. 105–109, III. 4.2.
[28] S. o. 125–139, IV. 1.4.2.

dem Streit um die Wahrheit des Glaubens, aber mit allen Konsequenzen für das Gemeindeverständnis – darf die Grundaussage von der gleichen Würde aller Gläubigen vor Gott nicht verdrängen. Es ist die Würde, die sie durch die Taufe und die Eingliederung in den einen Leib Christi empfangen haben: »Es gibt nicht mehr Juden und Griechen, nicht Sklaven und Freie, nicht Mann und Frau; denn ihr alle seid einer in Christus Jesus« (Gal 3,28).

Gegen alle Versuche der Einschränkung, der Eingrenzung und der Klerikalisierung – sie können sich in vielen Gewändern präsentieren – erinnert das Wort des Apostels an eine Wahrheit des Glaubens, die man nicht vergessen kann, ohne etwas von dieser Wahrheit zu leugnen bzw. zu neutralisieren. Die Geschichte der Kirche belegt, wie hoch der Preis war und ist, den sie für dieses Vergessen zu zahlen hat.

Das Potential an befreiender Wahrheit, das in den Paulusbriefen steckt, ist längst nicht ausgeschöpft.

Anhang

Bibliographische Hinweise

Bornkamm, Günther, Paulus, Stuttgart [1]1969, [7]1993 (263 S.)
Ein »Klassiker« unter den Paulusbüchern – zu Recht. Der Schwerpunkt liegt auf der Darstellung der Botschaft und der Theologie des Paulus (121–233). Nach einer knappen Übersicht über den Werdegang des Apostels werden die echten Briefe behandelt (27–120).

Ben-Chorim, Schalom, Paulus. Der Völkerapostel in jüdischer Sicht, München 1970 (213 S.); Neuausgabe: Werke, Band 5, Gütersloh 2006 (183 S.).
Durch das Damaskus-Erlebnis wurde Paulus, der Diasporajude, von der Messianität Jesu überzeugt. Die Zielsetzung des Werkes lautet: »Wir haben versucht, den Paulus aus der Kirche wieder in die Synagoge zurückzuversetzen, in der er um Israel gekämpft hat« (95).

Becker, Jürgen, Paulus. Der Apostel der Völker, Tübingen 1989, [3]1998 (533 S.).
Der detaillierten Darlegung über Herkunft und Tätigkeit des Paulus bis zum Anfang der selbständigen Missionsarbeit (17–131) folgt ein Querschnitt der Briefe, der im Zusammenhang mit den Reisen geboten wird (132–394). Die Grundzüge paulinischer Theologie werden im letzten Teil zusammengefasst (395–478).

Gnilka, Joachim, Paulus von Tarsus, Apostel und Zeuge, Freiburg i. Br. 1996 (332 S.).
Die zwei umfangreichsten Kapitel des Werkes verweisen auf die Schwerpunkte des Buches: Das missionarische Wirken (48–161) (s. o. 29f, Exkurs: Die paulinische Chronologie); Paulus als Theologe (182–289). Die Briefe werden im Rahmen dieser Themen berücksichtigt. Am Ende werden nachpaulinische neutestamentliche Paulusbilder skizziert (314–321).

Gorman, Michael J., Apostle of the Crucified Lord. A Theological Introduction to Paul and his Letters, Grand Rapids – Cambridge 2004, [2]2006 (624 S.).
Die ersten sechs Kapitel sind eine Einführung zu Paulus, seiner Herkunft und Umgebung, seiner Spiritualität und Theologie. Die restlichen 13 Kapitel sind je einem Brief gewidmet. Das bedeutet, dass alle Briefe, trotz mancher Bedenken, letztlich als echt angesehen werden. Am Ende

jedes Kapitels wird eine Reihe von »Questions for Reflection« ange-
hängt, die zur Aneignung der vorgetragenen Inhalte beitragen möchte.

Hengel, Martin/Schwemer, Anna Maria, Paulus zwischen Damaskus und
Antiochien. Die unbekannten Jahre des Apostels, Tübingen 1998
(543 S.).
Das Werk beleuchtet eine wichtige Etappe im Leben des Apostels, über
die die spärlichen Quellen wenig berichten. Neben der umfassenden
Berücksichtigung der jüdischen und hellenistischen Literatur wird die
Apostelgeschichte als Quelle für die Geschichte des Paulus herangezogen. Das Buch eignet sich hervorragend für ein eingehendes Studium
des historischen Hintergrundes der paulinischen Theologie.

Lohse, Eduard, Paulus. Eine Biographie, München 2003, [2]2009 (334 S.).
Mit Hilfe der überlieferten Angaben zu Leben und Wirken des Paulus
bietet das Werk eine Biographie des Apostels, in der geschickt die
Briefe an die Gemeinden und Grundinhalte der Theologie miteinbezo-
gen werden (15–266). Die zwei letzten Kapitel befassen sich mit der
Nachgeschichte des Paulus: Auswirkungen der paulinischen Theologie
(267–281); Paulus im Urteil der Geschichte (282–299).

Schnelle, Udo, Paulus. Leben und Denken, Berlin 2003 (776 S.).
Wie es zu einem Lehrbuch passt, ist das Werk übersichtlich gegliedert.
Der erste Hauptteil: Der Lebens- und Denkweg (27–431), behandelt
die Entwicklung des Paulus bis zu seiner Tätigkeit als selbständiger
Missionar, sodann die einzelnen Briefe – nur die »echten«. Der zweite
Hauptteil: Das paulinische Denken (433–699), bietet die Grundthe-
men paulinischer Theologie.

Wischmeyer, Oda (Hg.), Paulus. Leben – Umwelt – Werk – Briefe, Tübingen – Basel 2006 (409 S.).
Das Judentum des Paulus, seine religiöse Umwelt, sein Leben und Mis-
sionswerk, seine Person, werden in einem ersten Teil von mehreren Autoren kompetent behandelt (5–119). Der zweite Teil ist den echten
Briefen und ihrem theologischen Gehalt gewidmet (123–304). Der
dritte Teil beinhaltet die Rezeption des Paulus im 1. (die »unechten«
Paulusbriefe und das Paulusbild der Apostelgeschichte) und im 2. Jahrhundert, um schließlich den Blick auf die Rezeption im Verlauf der Kir-
chengeschichte zu richten (307–368). Zu jedem Thema informiert der
Sammelband über den gegenwärtigen Stand der Forschung und bietet
eine eigene, nachvollziehbare Stellungnahme.

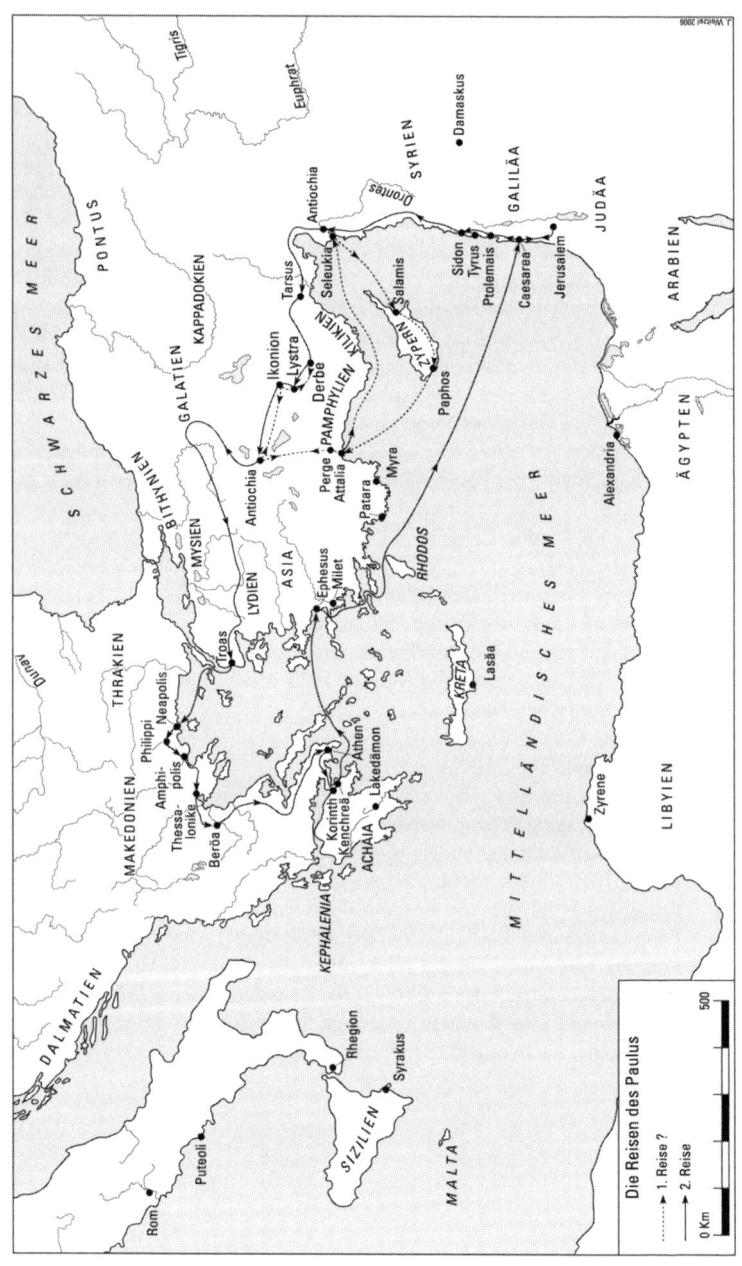

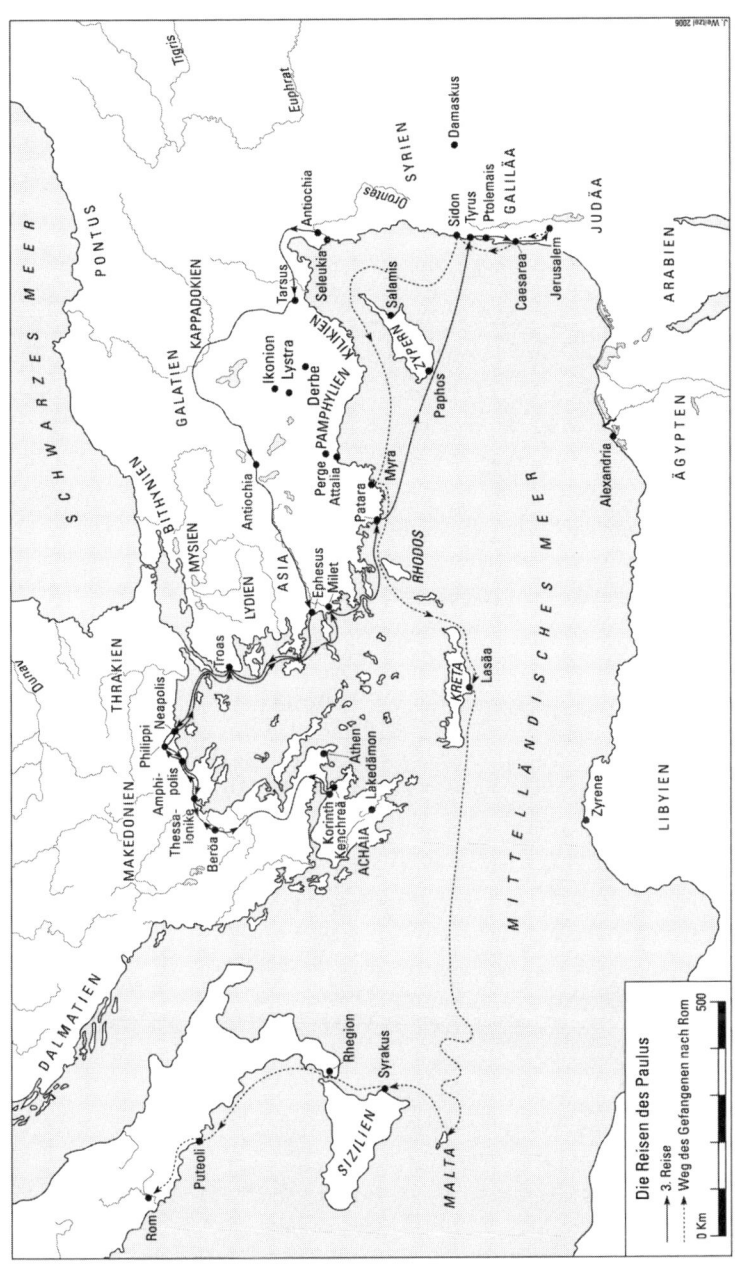

Die Reisen des Paulus

— 3. Reise
····· Weg des Gefangenen nach Rom

0 Km ———— 500

Stellenregister

4,13–18   49–51
5,1–11   51
5,19   37
2Thess
2,2–12   118f
3,11f   118–120
1Tim
1,10   131
2,9–15   135
3,2–7   133
3,11   133–135
4,14   131–133
5,3–16   135
5,17–20   133
6,3   128, 131, 134
2Tim
1,6   133f
2,17f   132, 146
Tit
1,5   138
3,10   131
3,12   138
Phlm
9   9
16.18   57
2Petr
3,15f   140
3,16b   149

Nicht-biblische jüdische Literatur

4 QpNah 1,7f   89
11 QT 54, 13–19   89

Altchristliche Literatur

I Clem
5, 7   32
35, 5   140
47, 1   140
Didache
10, 7–10   108
11, 1–12   108
15, 1   108
IgnEph
12, 2   140
Irenäus, haer.
III, 3, 2f   144
III, 15, 1   143
III, 18, 1   144
V, 9, 1   147
3Kor
1, 12   142
3, 6   142
3, 24   142
Klemens von Alexandrien, exc.
   Theod.
23, 2   146
Paulusakten
3, 3   142
Philippusevangelium
23b   147
72c   147
PolPhil
11, 3   140
Rheginosbrief
45, 25–28   147

Namens- und Sachregister